図解で早わかり

改訂新版

刑のしくみ

弁護士
木島 康雄 [監修]

三修社

はじめに

　刑法とは、犯罪として処罰すべき行為（犯罪行為）と、その犯罪行為に対して科すべき刑罰を定める法律です。刑法は、毎日のニュースなどにおいて、私たちが見聞する機会の多い法律のひとつではないでしょうか。人を殺した場合には「殺人罪」（199条）、スリや万引きをすれば「窃盗罪」（235条）、公務員にワイロを渡せば「贈賄罪」（198条）で処罰されます。しかし、同時に、刑法は、国家が「犯罪者を刑務所に収容させる」こと、究極的には死刑により「犯罪者を死に至らしめる」ことも認めるという、個人の生命や身体に対して重大な侵害を与える法律であるともいえます。そのため、刑法は論理の一貫した緻密な理論の下に成り立っており、ある問題点（争点）について、刑法学者の見解（学説）が対立する場面が多いのも特徴です。

　刑法には、通常、刑法総論と刑法各論という2つの分野があります。刑法総論は学説の対立が激しく、初めて刑法を学習する人が刑法を苦手にする要因になることもありますが、本書では刑法の理論に深く立ち入らず、犯罪全般に共通する成立要件（構成要件、違法性、責任、共犯など）や、刑法が定める各犯罪の類型といった刑法の基本事項を、図解を交えてやさしく解説しています。

　本書では、拘禁刑の創設、侮辱罪の法定刑の引上げなどを定めた令和4年の刑法改正に対応しています。また、不同意わいせつ罪、不同意性交等罪、監護者わいせつ及び監護者性交等罪、わいせつ目的面会要求等罪、特別法により新設された性的姿態撮影罪など、令和5年6月に性的自由に関する一連の罪の改正について解説しています。

　さらに、刑事訴訟法や、裁判員法、軽犯罪法、ストーカー規制法、道路交通法などの関連法についても、その概要を取り上げています。

　本書を通じて、刑法を中心とした刑事手続きの理解を深めて、皆様のお役に立てていただければ監修者として幸いです。

監修者　弁護士　木島　康雄

CONTENTS

PART 3　刑法総論②【故意と過失】

PART 4　刑法総論③【共犯・罪数・刑罰論】

PART 5 刑法各論①【個人的法益】

PART 6 刑法各論②【個人的法益、財産罪】

PART 7　刑法各論③【社会的法益】

PART 8　刑法各論④【国家的法益】

PART 9　その他の関連法律

PART 1

刑法の考え方

刑法の目的と機能

刑罰により社会秩序と国民全体の利益を守る

■ 刑法がなかったらどうなる

　刑法がない世の中を想像してみてください。犯罪を取り締まる刑法が存在しない世の中は、暴力や略奪などが横行する無秩序の状態になりかねません。人が犯罪を行うのを防止するとともに、犯罪を行った人に刑罰を科すことによって、社会秩序を維持し、国民全体の利益を守ることが刑法の存在意義だといえます。他にも刑法が果たす主な機能には、以下の3つがあります。

① 規制的機能

　刑法は、一定の行為を犯罪行為として定め、これに対する刑罰を予告し、国民に対して犯罪行為をしないように警告していると考えられます。刑罰法規は「人を殺した者は、死刑又は無期若しくは5年以上の懲役に処する」（199条）のように、「○○をした者は、△△に処する」という体裁をとる場合が多いのです。

　このうち前半の部分は、国民に向けて「○○するな」という規範（行為規範）を示していると言われています。このように規範を示して、国民の行動を規制（コントロール）しています。

② 社会秩序維持機能

　刑法が一定の行為を禁ずることで、守られている利益があります。たとえば、「人を殺す」行為を禁ずることで、「人の生命」が守られるわけです。このように、法によって守られている利益を法益といい、刑法はこの法益を保護しています（法益の保護）。

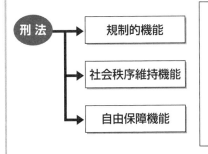

刑法とは

刑 法 →
- 規制的機能
- 社会秩序維持機能
- 自由保障機能

《社会のクスリ・刑法の使用上の注意》

① 劇薬指定です

刑罰の効き目は強いものです。ご使用はやむを得ない事情があるときだけにしてください（寛容性）。

② 万能薬ではありません

刑罰を使用するのは最後の手段としてください（補充性）。また、「万病」に効くわけではありません（断片性）。

また、刑法は刑罰を予告することで、国民が犯罪を思いとどまることを期待しています（犯罪の予防）。法益を保護し、犯罪を予防することで、秩序が維持された社会をめざしています。

③ 自由保障機能

犯罪と刑罰をあらかじめ明らかにしておくことは、「犯罪にあたる行為をしない限り処罰されない」という意味で、国民の自由を保障していることにもなります。また、犯罪を行った者（犯人）に対しても、「刑法が定めている刑罰以外は科されない」という意味で、犯人自身の人権も保障しています。

■ 刑法の基本構造

刑法は総論と各論で構成されています。六法を開いてみるとわかりますが、最初に目次が出ています。そこに「第一編 総則」と「第二編 罪」と2つの見出しがあります。「第一編」には、一般に犯罪が成立するための要件（犯罪がどんなときに成立するのか）と、刑罰を科す際の基準が書かれています。「第二編」は、殺人罪などの各犯罪が成立するための要件と、それに対してどんな刑罰が科されるのかが個別に書かれています。

謙抑主義

刑罰の適用は抑制的にあるべきとする原則。刑法の適用は最終手段である（補充性）、必要不可欠な領域に刑法を適用する（断片性）、やむを得ない事情がある場合に刑法を適用する（寛容性）、という派生原理が導かれる。

刑罰の正当化

犯罪への応報と犯罪者の教育が刑罰の目的である

■ 何のための刑罰なのか

なぜ、国家が刑罰を科すことが正当化されるのでしょうか。この問題の背後には、実は、人間に対する見方、犯罪に対する見方が隠れています。刑罰が科せられるのはなぜか。この点について、基本的な2つの考え方があります。

① 応報刑論

刑罰は、犯罪という悪い行為をしたことを理由として、行為者に加えられる非難としての「害悪」である、という考え方です。犯罪に対する正義の応報（復讐）として許されるのだ、という考えや、「目には目を、歯には歯を」という同害報復の観念もこの系統の考え方のひとつといってよいでしょう。また、被害者の犯罪者に対する復讐を国家が代わってやるという意味合いもゼロとはいえないでしょう。いずれにしても、犯罪に対する「応報」という考え方です。

② 目的刑論

刑罰は、行為者が再び犯罪を行うことを防止するための手段であり、再犯防止という目的に不可欠の手段であるから許されるのだ、という考え方です。刑罰は犯罪者を治療するリハビリテーションだという考え方や、犯罪者に対する「教育」だという考え方も、この流れに入れてよいでしょう。

③ どちらの考え方に説得力があるか

犯罪者は「許せないから懲らしめるべき」と感じますか、それとも「憐れな人だから救いを与えるべき」と感じますか。一方に割り切るのは難しいのではないでしょうか。

**目的刑論の
2つの類型**

目的刑論は、さらに2つの考え方に分類されて理解されている。それが一般予防と特別予防という考え方である。一般予防とは、刑罰の持つ威嚇力によって、不特定多数の一般人を対象に、犯罪行為に出ることを抑止しようとする考え方である。これに対して特別予防とは、ある犯罪者に対して、刑罰を科すことによって、その者自身が再び犯罪行為に出ることがないように、刑罰には、再犯を防止するための教育刑としての役割が強調されることになる。

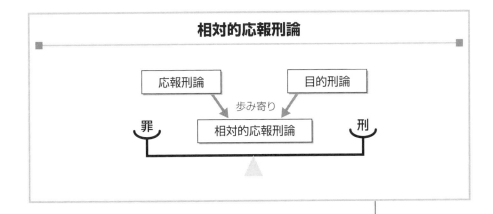

■ さじ加減が大切：刑罰の正当化

　現在では、犯罪防止目的をまったく考慮しない応報刑論の考え方は見られません。むしろ、応報刑論を基調としながらも、目的刑論の説く犯罪防止効果についても重視する、というのが一般的な考え方でしょう（相対的応報刑論）。犯罪を防止することによって国民の利益を保護するからこそ、刑罰は正当化されるのだということです。

　このように、犯罪者の「更生」をまったく考えないわけにはいきませんが、そればかりではありません。「あんなことをしたのだから、これくらいの刑罰は当然さ」と多くの国民が納得できなければ刑罰制度は支持されないでしょう。その意味で、「応報」という観点は不可欠です。

　ただ、国民の「納得」という点には、2通りの意味があります。「厳しすぎるよ」というのでは、処罰を受ける側は「運が悪かったのさ」「ふざけんなよ」などの気持ちになるだけで、「反省・更生」などは望めません。一方、「なんでそんなに甘いの」というのでは、被害者も善良な多くの国民も承知しないでしょう。刑罰というのは、「罪の重さとバランスのとれる限度で、しかも犯罪防止にも必要な限度で刑罰を科す」というのが穏当なところでしょう。

罪刑法定主義

■ 罪刑法定主義

罪刑法定主義とは、あらかじめ法律によって犯罪と刑罰とが規定されていない限り、ある行為が犯罪とされて罰せられることはない、という近代刑法の基本原理です。「法律がなければ犯罪（刑罰）なし」というスローガンで表現されることもあります。

■ 派生原理

罪刑法定主義から派生する原理として、一般的には以下の4つが挙げられます。

① 慣習刑法の排除（法律主義）

ある行為をした者を「慣習」に反することを理由に処罰してはならないという原理です。どんな行為が犯罪であるかは、国民自身が代表者を通じて決定すべきである、つまり代表者が制定する「法律」に基づき犯罪の内容を決定すべきである、という罪刑法定主義の民主主義的要請から導かれる原理といえます。

② 遡及処罰の禁止（事後法の禁止）

実行の際に適法であった行為は、後から遡って処罰されることはないという原理です。どんな行為が犯罪であるかは、国民の権利や行動の自由を守るため、あらかじめ法律に定められていなければならない、という罪刑法定主義の自由主義的要請から導かれる原理といえます。なお、刑法6条は「犯罪後の法律によって刑の変更があったときは、その軽いものによる」と規定して、遡及処罰の禁止をさらに推し進めています。

遡及処罰の禁止
憲法38条は「何人も、実行の時に適法であった行為については、刑事上の責任を問はれない」と定めて、遡及処罰の禁止を明らかにしている。

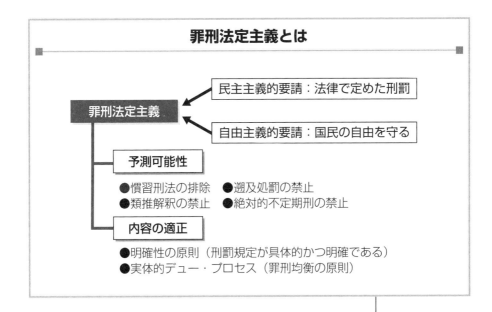

罪刑法定主義とは

罪刑法定主義
- 民主主義的要請：法律で定めた刑罰
- 自由主義的要請：国民の自由を守る

予測可能性
- ●慣習刑法の排除　●遡及処罰の禁止
- ●類推解釈の禁止　●絶対的不定期刑の禁止

内容の適正
- ●明確性の原則（刑罰規定が具体的かつ明確である）
- ●実体的デュー・プロセス（罪刑均衡の原則）

③　類推解釈の禁止

　ある事件について直接に適用される規定がない場合に、類似した事実に適用される刑罰法規を適用（類推解釈）してはならないという原理です。類推解釈かどうかが争われた例としては、以下のような問題がありました。

・火炎ビンは「爆発物」か。

・鍋やトックリにオシッコをするのは物の「損壊」か。

・たぬきの毛皮を買うことは「鳥獣を授受」することか。

・ガソリンカーは「汽車」か。

・コピーは「文書」か。

④　絶対的不定期刑の禁止

　絶対的不定期刑とは、刑期の上限も下限も定まっていない刑罰のことです。これを認めると1日以上終身の期間、犯罪者の身柄を拘束できることになり、罪刑を法定した意味がなくなってしまいます。これに対して、刑期の上限と下限を定めている相対的不定期刑は、罪刑法定主義に反しません。

犯人に有利な類推解釈は許容される

罪刑法定主義は犯人（被告人）の人権保障を主な目的とするので、犯人に有利となるように刑法を類推解釈することは許容される。

学派の争い

刑法の目的をめぐる争いである

■ 近代刑法の登場

　近代より前の刑法は、法と宗教・道徳が未分離で、法律が個人の心のあり方にまで深く干渉していました（干渉性）。犯罪と刑罰は明確に法定されておらず、いわば権力者の思うがままに刑罰が運用され（恣意性、罪刑専断主義）、身分による刑罰の取扱いの不平等がありました（身分性）。これは、西欧諸国だけでなく日本でもおおむね同様でした。近代刑法は、これらの不合理を克服しようと努力してきたわけです。

　刑法が何のためにあるのか、という点については以下のような考え方があります。

① 旧派（古典派）

　18世紀末から19世紀初期には、旧派（古典派）と呼ばれる刑法理論が展開されました。具体的には、ⓐ犯罪は、自由意思を備えた人間が、自己の選択によって行った結果であり（意思自由論）、ⓑ刑罰は、犯した犯罪に対する道義的責任を問うもの（道義的責任論）で、犯罪に対する応報（懲らしめ）である（応報主義）としました。また、ⓒ外部に現れた被害・行動を重視し（客観主義）、ⓓ将来罪を犯す可能性のある一般の人の犯罪抑止に重点を置きました（一般予防）。

② 新派（近代派）

　産業革命の進展による工業化を背景に、人口が都市に集中し、大量の失業者・貧困者が溢れ出した19世紀末になると、それまでの刑法理論は無力だとして、新派（近代派）の刑法理論が展開されてきました。具体的には、ⓐ犯罪は、危険性を有する人

恣意性・身分性

日本においても、江戸時代には「踏み絵」があり、武士にだけ「切腹」が許されていた。

旧派の思想背景

旧派が展開されたのは「啓蒙思想」が背景にあると言われている。啓蒙思想とは、伝統的権威に反抗して人間の理性による思惟（思考）の自立をめざすものである。

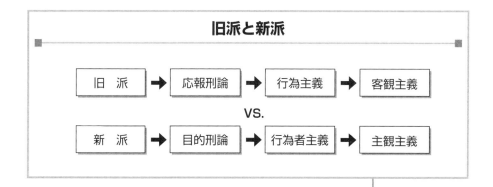

間が必然的に犯すものであり（自由意思の否定）、ⓑ刑罰は、危険性を有する者の負う社会防衛処分（社会的責任論）で、犯罪者を改善・教育し、社会復帰させるためのものである（目的刑）としました。また、ⓒ犯罪者の犯罪的意思・性格を重視（主観主義）し、ⓓ犯罪者の再犯防止に重点を置きました（特別予防）。

③ 学説の対立が激しい刑法学

刑法学は学説の対立が激しい学問だと言われます。それというのも、結局は、人間というもの、犯罪というものをどう理解するのか、犯罪を防止し、多くの善良な国民が安心して暮らせる社会を作るには、どうしたらよいのか、という点についての真剣な考察が背景にあるからです。

また、学説の争いは刑法の目的・機能をどのようにとらえるのかも影響しています。つまり、刑法の目的を社会倫理や社会秩序を維持することに重きを置く立場は、社会秩序を乱す犯罪行為をする行為者自身の非難に結びつきやすく、いわゆる行為無価値論に結びつきます。これに対して、刑法の目的を法益の保護にあると考える立場からは、犯罪がもたらす結果としての法益侵害を防ぐことが重視されることになるため、結果無価値論に結びつきます。

行為無価値論と結果無価値論
24ページ参照。

Column

罪刑法定主義と法規の適正性

　罪刑法定主義は、事前に犯罪にあたる事実はどのような行為であり、そのような行為に対していかなる刑罰が与えられるのかは、事前に法律により規定されていなければならないという、刑法における大原則です。もっとも、事前に法律により規定されていれば、いかなる内容を持った刑罰であっても許されるということではありません。つまり、刑罰は内容においても適正さが要求されることになります。

　まず、規定されている刑罰の内容が、憲法に規定されている個人の人権を侵害する場合には、そのような刑罰は憲法の個別の人権条項に違反するため、違憲無効になります。さらに、個別の人権条項に違反していない場合であっても、規定されている刑罰の内容が、憲法31条が要求する刑罰法規の内容の適正に違反しているといえる場合には、そのような刑罰は違憲無効であると考えられています。憲法31条は、形式的な刑事手続きの法定だけでなく、刑罰法規の内容においても適正性を要求していると考える理論を実体的デュー・プロセスの理論と呼びます。

　実体的デュー・プロセスの理論の内容としては、内容が不明確な刑罰は許されないとする明確性の原則と、極端に軽重が偏っている刑罰を許さないとする罪刑均衡の原則などが含まれます。

　明確性の原則について判例は、刑罰の一般性・抽象性を認めつつ、「通常の判断能力」をもつ一般人を基準に、刑罰規定自体から、当該規定が個々のケースにおいて適用されるか否かの判断基準を読み取ることができるか否かという観点から、罰則の明確性を判断するという立場をとっています。

　また、罪刑均衡の原則について判例は、犯罪に対して科される刑罰が明らかに均衡を失っている場合に、初めて当該刑罰規定が違憲無効になるという立場を示しています。

PART 2

刑法総論①
【犯罪の成立要件】

犯罪の形態

· ·

故意・過失の有無が犯罪の成立を左右する

■ 1人だけの：単独犯

　まず、最も基本的な形として、1つの犯罪を1人で最後まで
やってしまう場合を考えましょう。これが単独犯です。

　「正犯」でもあり、「既遂犯」でもあります。刑法の学習にお
いて最もシンプルで基本的な形です。

　犯罪に限らず、何かをするには、《計画を立てる→準備をす
る→実行する→目的を遂げる》という段階を踏みます。このプ
ロセスに応じて刑法も処罰のメニューを用意しています。ただ、
計画や準備の段階で処罰される（陰謀罪・予備罪）のは極めて
例外的です。

> **テロ等準備罪**
> 平成29年（2017年）に
> 成立・施行されたテロ
> 等準備罪は「準備をす
> る」の初期段階で処罰
> する規定だといえる。

　犯罪の実行に着手はしたけれど、事情はどうあれ最後までや
り遂げられなかった場合を未遂犯といいます。既遂犯が犯罪の
完成した形なら、その未完成の形と考えてください。犯罪がど
こから始まって、どこで終わるのか、どんな事情でやり遂げら
れなかったのか、などという点が問題となってきます。

■ 仲間がほしい：共犯

　次に、数人が一緒になって犯罪を犯す場合を「単独犯」に対
して共犯といいます。

　共犯の中には、複数の人間が必ず関与しなければできない犯
罪があります。賄賂罪（197条以下）などがそうです。政治家
が賄賂をもらうにも、もらう側（収賄罪）とあげる側（贈賄
罪）が必要です。これに対して、1人でできる犯罪を数人で犯
した場合は任意的共犯といいます。何人かが共同で強盗を働く

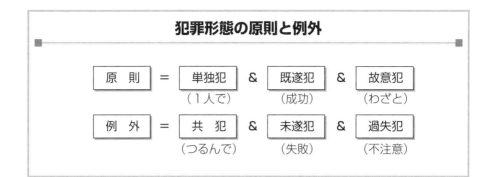

犯罪形態の原則と例外

原 則	=	単独犯	&	既遂犯	&	故意犯
		（1人で）		（成功）		（わざと）
例 外	=	共 犯	&	未遂犯	&	過失犯
		（つるんで）		（失敗）		（不注意）

場合などです。

　刑法で主に問題とされるのは、後者の任意的共犯です。単独犯とはどの点がどのように変化してくるのか、というところをしっかり理解することが大切です。

■「わざと」か「過ち」か：故意犯と過失犯

　これからいろいろな「○○犯」という言葉がでてきますが、中でも重要なものとして、ここでは「故意犯」と「過失犯」を見ておきましょう。これらは簡単にいえば「わざとやったか／過って（不注意で）やったのか」という区別です。前者を故意犯、後者を過失犯といいます。日常の感覚としても、あることを「わざと」やった場合と、「過って」やってしまった場合とでは、周りの人の受け取り方、評価の仕方は異なります。

　それは、刑法でも同じことです。ただ、「わざと」「過った」とはどういうことなのか、ということを厳密に考えていくわけです。刑法は、原則として故意犯だけを処罰し、過失犯を処罰するのは例外です。行為者に故意があるのか、それとも過失にとどまるのかは、刑務所の塀の内と外（処罰されるのかされないのか）を分けることになるのです。

　また、過失犯が例外的に処罰される場合でも、故意犯に比べて刑罰が大幅に軽くなるのが通常です。

客観主義と主観主義

犯罪の本質は犯罪行為自体なのか、行為者の内面的危険性なのか

■ 行為主義と行為者主義

刑法の基本的な考え方の対立として、「刑罰を科す対象は、犯した《行為》なのか、犯した《行為者》なのか」という争いがあります。前者を行為主義、後者を行為者主義と呼びます。これは「罪を憎んで人を憎まず」という言い方にも現れているように、日本でも古くから同じような視点がありました。

この点は、どんな行為を犯罪とするかという立法の問題や、裁判の場面において、行為者の危険性を他人が推し量ることの困難さなどから、危険性を客観的に推し量ることのできる「行為」を出発点にせざるを得ないでしょう。

行為者の危険性だけでは処罰できない

たとえば「あいつはアブナイやつだ」という行為者の危険性だけで処罰することは許されず、行為の危険性も検討されなければならない。

■ 客観主義と主観主義

刑法において、犯罪とは何であるのかという評価を加える前提として、犯罪であるかどうかを検討する対象をどこに定めるのかという点について争いがあります。刑法の基礎理論の中でも重要なので、明確に理解する必要があります。

① 客観的と主観的

刑法の学習では、「客観的」「主観的」という言葉が頻繁にでてきます。これは哲学などで使われる言葉使いとはちょっと異なります。刑法では「客観的」という言葉は、おおよそ「外から見て（他人が見て）もわかる」というような意味合いで使われます。一方、「主観的」という言葉は、だいたい「行為者の心の中（あいつは何を考えているんだ）」を指す場合に使われます。

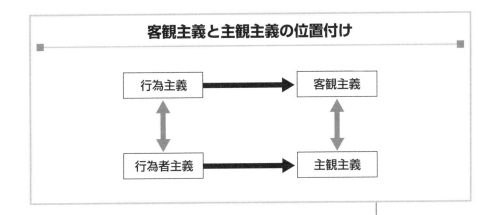

客観主義と主観主義の位置付け

行為主義 ➡ 客観主義

行為者主義 ➡ 主観主義

　さらに、「客観的」という言葉は、「多くの人にとって」「誰
がやっても」というような意味合いで使われることもあります。
そのときには、「主観的」という言葉は、「その人にとっては」
という意味合いで対応します。

②　客観主義と主観主義

　さて、現に行われた行為が犯罪であるかどうかを判定する場
面では、客観主義と主観主義の対立が問題とされることがよく
あります。客観主義は「犯罪は客観的に生じた結果（犯罪行為
自体）からさかのぼって考えていくべきである」という考え方
で、主観主義は「犯罪にとっては犯人の内心（内面的危険性）
こそ重要だ」という考え方といってよいでしょう。

　人間の行為のあり様を考えてみると、普通の場合は、まず、
内心である行為を決意・計画し、それを実行に移すというパ
ターンでしょう。主観主義は、いわばこの「行為の構造」に即
した形で犯罪をとらえています。一方、人の心は神のみぞ知る
ということで、外から見てわかりやすい結果から見ていこうと
いうのが客観主義です。「あんな人だからこんなことをした」
ともいえますが、「こんなことをするのはあんな人だ」ともい
えます。基本的には、行為主義は客観主義に、行為者主義は主
観主義に対応していると考えてよいでしょう。

結果無価値と行為無価値

違法の実質を何に求めるのかに関する争い

■ 違法性とは何か

犯罪は刑罰によって禁止する必要のある「悪い行為」でなければなりません。この「悪さ」を違法性と呼びます。刑法に限らず、法律は国民全体の利益を保護するための手段ですから、国民の利益が侵害されることが違法性の原点です。

法益

10ページ参照。

そこで、違法性とは「法益を侵害し、または危険にさらすことだ」と定義することができます（法益侵害説）。ここでの「危険」とは、法益を侵害する一定程度以上の可能性という意味で、「現実に法益を侵害したか、または侵害する可能性がある」ときに違法性が認められます。

これに対して、違法性とは「法規範（法秩序）に反することだ」と定義することもできます（法規範違反説）。法規範に違反するとは、道義秩序に反すること、社会倫理に反すること、または社会的相当性を欠くことと考えてよいでしょう。倫理や道義（道徳）というと、人間の内心の問題がからんできます。

■ 違法性の実質に関する議論への影響

客観的違法性

本文記載の違法性の実質に関する議論は、実質的違法性と呼ばれる。これに対して、一般に法規範に違反している状態を客観的違法性という。客観的違法性の有無は、行為者の内面を原則として考慮せず、形式的・客観的に判断される。

このような、違法性とは何かに関する見解の違いは、後述する結果無価値論または行為無価値論のどちらを採用するのか、という刑法の根本に関わる争いに大きく影響を与えています。

まず、法益侵害説は法益侵害（またはその危険性）が違法性であるとの立場ですので、まさに法益侵害または法益侵害の危険を与える行為が違法性の実質であると考える「結果無価値論」と親和性があります。

結果無価値と行為無価値のまとめ

行為無価値論	違法性	=	結 果	+	内 心
結果無価値論	違法性	=	結 果		
	責 任	=	内 心		

　一方、社会倫理などに反することが違法性であると考える法規範違反説は、違法性の本質について犯罪行為が持つ反社会性を重視する「行為無価値論」と大きく関連します。

　また、刑法には旧派と新派の争いがありますが、直接的な関連性は大きくないものの、法益侵害説と法規範違反説との対立に少なからず影響を与えています。法益侵害説の論拠になっている法益保護機能は、旧派の一般予防（一般人の犯罪抑止）の考え方になじみやすいと言われています。一方、法規範違反説は、刑法の社会秩序維持機能を重視する考え方だと言われており、これは旧派の応報主義（刑罰は犯罪に対する懲らしめである）に通じる部分が大きいでしょう。

旧派と新派の争い
16ページ参照。

社会秩序維持機能
10ページ参照。

■ 違法性の実質（結果無価値論と行為無価値論）

　違法性とは何かの議論と並行して、違法性の実質をどのようにとらえるのかが議論されています。

　まず、法益侵害結果の発生（またはその危険性）という結果を生じさせるがゆえに、違法行為という悪い判断をするのだという立場を「結果無価値論」といいます。一方、法益侵害の結果だけでなく、行為が社会倫理規範にも反するがゆえに、違法行為という悪い判断をするのだという立場を行為無価値論といいます。

　こういう言い方をすると難しいことを言っているようですが、

無価値とは何か
結果無価値や行為無価値の「無価値」はドイツ語の「unwert」の直訳である。「悪い」「否定的な」という程度の意味で理解すればよい。つまり、結果無価値論は結果を悪いと判断したとき、行為無価値論は行為を悪いと判断したときに、ある行為を違法と評価することになる。

実は私たちの日常でもよく見かける事柄です。たとえば、「そういうつもりだとしても、結果が出ないと（よくないと）意味ないんだよ」「結果がうまくいかなかったけど、そういうつもりだったのなら、まあいいか」という言い方をすることがあります。前者は「結果」を見て判断しているので、結果無価値論的な考え方があらわれているのに対し、後者は「行為」を見て判断しているので、行為無価値的な考え方があらわれています。

結果無価値論や行為無価値論の議論は、直接には違法性の実質をどう考えるかという議論なのですが、そのベースには刑法の機能をどう考えるかという問題があり、ひいては刑法理論全体のおおまかな傾向を決定する広がりをもっている議論でもあります。

■ 結果無価値論と行為無価値論が対立する場面

結果無価値論と行為無価値論の対立が具体的に意味を持って出てくる場面として、たとえば、違法性阻却事由が認められる実質的原理に関する解釈が挙げられます。

結果無価値論は法益侵害結果を基準に違法性を判断するため、たとえば「正当防衛」が問題になる状況で、攻撃者の法益は不正な法益であると考えられるので、反撃者の反撃により攻撃者の法益が侵害されたとしても、反撃者または第三者の（正当な）法益が保護される結果が得られたのであれば、反撃者が攻撃者の法益を侵害したことについて違法性の阻却（違法性が失われる）ことを認めます。このように2つの法益を比較して、優先的に保護されるべき法益を決定する考え方を同等利益・優越的利益の保護といい、法益侵害結果を違法と考える結果無価値論に立脚した原理だといえます。

これに対して、違法性の実質を犯罪行為が持つ反社会倫理性や反規範性であることに求める行為無価値論は、法益の比較ということよりも、社会的相当性が違法性阻却の実質的原理であ

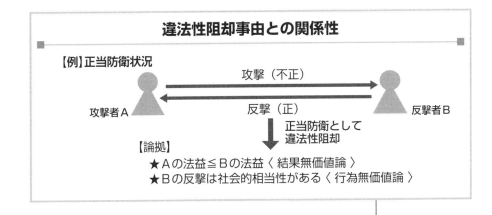

違法性阻却事由との関係性

【例】正当防衛状況

攻撃者A　　　　攻撃（不正）　　　　反撃者B
　　　　　　　　反撃（正）

正当防衛として
違法性阻却

【論拠】
★Aの法益≦Bの法益〈 結果無価値論 〉
★Bの反撃は社会的相当性がある〈 行為無価値論 〉

ると考えます。つまり、社会通念上許されるか否かが、違法性
の有無を決定する重要な要素であるととらえます。そうすると、
同じく「正当防衛」が問題になる状況で、反撃者の反撃につい
て違法性が阻却されるのは、不当に侵害を受けた者が反撃に出
ることが社会的に相当な行為として認められるからであると考
えます。

■ 違法性の実質に関する議論の状況

　違法性の実質については、一方の立場を徹底するのは不可能
ですし、適当ではないと考えられます。違法性の実質の議論で
は、犯罪とは何かについての基本的な態度を問われているわけ
です。

　そのため現在では、違法性の実質を結果無価値論または行為
無価値論の一方のみで理解するのは適切でないとして、結果無
価値論の立場を採用しつつも、行為無価値論の立場を採り入れ
ることが、より適切な結論を導き出す上で必要という考え方が
主張されています。刑事実務もこの考え方に近く、結果無価値
論と行為無価値論を折衷した「社会的相当性を逸脱した法益侵
害行為またはその危険のある行為」が違法行為である、と考え
るのが刑事実務の立場だと言われることがあります。

犯罪の認定

....

犯罪とは構成要件に該当する違法かつ有責な行為である

■ 犯罪とは何か

「犯罪とは何か」の問いには、「法律で刑罰を科すと定められ
ている行為」と答えれば間違いありません。ただ、これでは犯
罪の中身がわかりませんので、その中身を考えることにします。
犯罪の成立要件のキーワードは、構成要件、違法性、責任です。

① 構成要件

どんなことをしたら犯罪になるのかを、あらかじめ法律で定
めておかなければならない、というのが罪刑法定主義でした。
この「してはいけないこと＝したら処罰されること」を構成要
件といいます。構成要件にあてはまる（該当する）行為をしな
い限り処罰されない、というのが罪刑法定主義の要請であるわ
けです。

② 違法性

犯罪は「悪い」行為です。悪いことをしたから処罰されるの
です。では、なにが「悪い」ことなのでしょうか。この問いに
対する答えが、前述した結果無価値論と行為無価値論の対立で
す。この議論は難しいですので、ひとまず違法性とは「処罰に
値する害悪を発生させる悪いこと」と考えてよいでしょう。

③ 責任

その行為を行った人を「お前が悪いんだ！」と非難できるか
ら処罰されることを責任といいます。自らの預かり知らぬこと
で処罰されてはたまりません。また、どうしてもそうせざるを得
なかった場合に処罰されてもかなわないわけです。責任とは「そ
の行為について行為者を非難できること」ということもできます。

**結果無価値論と
行為無価値論**

24ページ参照。

犯罪の成立要件のまとめ

```
┌──────┐  No      ┌──────┐  No    ┌──────┐  No      ┌──────┐
│ 構成 │─────────→│ 違法 │───────→│ 責  │─────────→│ 無 罪 │
│ 要件 │          │  性  │        │ 任  │          └──────┘
└──────┘  Yes     └──────┘  Yes   └──────┘  Yes     ┌──────┐
                                                      │ 有 罪 │
                                                      └──────┘
```

■ 犯罪論について

　以上のように、犯罪は「構成要件に該当する違法で有責な行為である」ということになります。そこで、ある事態が犯罪かどうかの判定は、《構成要件＋違法性＋責任》という3段階に分けて行うということになるわけです。

　さまざまな刑罰法規に共通のことがらをとらえて、犯罪であるか否かを認定するための一般的な理論を犯罪論といいます。犯罪論については、犯罪かどうかの判定に役立つことはもちろん、犯罪であるか否かの認定について人によって判断のブレがなく、現実の刑事裁判のプロセスにも適合し、なおかつシンプルであることが求められています。簡単に言うと、次のような順序で犯罪の有無を認定していきます。

① 　まず、ある行為が《構成要件に該当するか》を判断。

② 　次に、ある行為に《違法性があるか（違法性を失わせる事情－違法性阻却事由－がないか）》を判断。

③ 　最後に、行為者に《責任があるか（責められない事情－責任阻却事由－がないか）》を判断。

　この3つの問いにすべてYESと答えられるときに、初めて犯罪が成立します。1つでもNOがあれば、犯罪は成立しません。

犯罪論と刑罰論

犯罪論は、犯罪行為をどのようにとらえ、どのように確定していくかを中心とする。これに対して、具体的な犯罪に対してどのような刑罰を科すのが適切であるのかを論じるのが刑罰論である。刑罰論は、犯罪論を前提にしており、表裏一体の関係にあるといえる。

構成要件

法律上犯罪として規定された行為の類型

**違法行為類型と
しての構成要件**

構成要件は、一般に犯罪として法律上規定されている行為類型を指す。しかし単なる行為の枠を定めたものではなく、構成要件にあたる事実に対する認識を持っていることが、故意を認めるための前提になっていることから、違法行為の類型であると考える立場が有力である。

■ 構成要件と条文

　構成要件という概念は、刑法の条文上の概念ではありません。構成要件は犯罪の成否を認定する最初の手がかりです。刑罰法規はおおむね「○○をした者は、△△に処する」という体裁をとっていますが、最初のイメージとしては、この刑罰法規の「○○をした者」という部分ととらえておきましょう。

　なお、構成要件は条文とイコールではありません。構成要件は、条文にいろいろと解釈を加えて、犯罪と犯罪でない行為あるいは他の関連する犯罪とを識別するさまざまな要件の総体からなるものです。

■ 殺人罪の構成要件

　たとえば、刑法199条の殺人罪の条文は「人を殺した者は、○○に処する」となっています。条文の体裁としては最も単純なもののひとつです。でも、「人を殺した」という意味は、必ずしも単純ではありません。殺人罪の構成要件は、「①殺意をもって、②他人の身体に、③死亡する危険性のある行為をし、④その行為が原因で、⑤その他人が死亡した」ということになるのでしょうか。また、胎児はいつから「人」になるのでしょうか。「人」はいつから人でなくなるのでしょうか。心臓が停止したときでしょうか、脳死のときでしょうか。

　このように、ある犯罪が成立するためのさまざまな要素の総体からなるものが構成要件です。そして、実はこの構成要件をどのように理解するか（構成するか）、それぞれの要素の性質

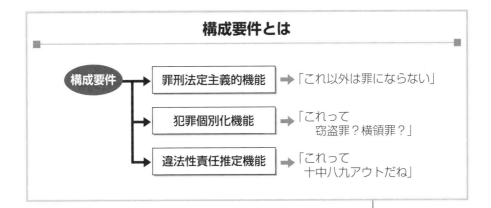

構成要件とは

構成要件 → 罪刑法定主義的機能 → 「これ以外は罪にならない」

→ 犯罪個別化機能 → 「これって
　　　　　　　　　窃盗罪？横領罪？」

→ 違法性責任推定機能 → 「これって
　　　　　　　　　　　十中八九アウトだね」

をどうとらえるかについて多くの議論があります。

■ 構成要件の機能

　構成要件はどのような機能（役割）を果たしているのでしょうか。一般に、以下のような機能をもっているとされています。

① 罪刑法定主義的機能

　構成要件が、犯罪と犯罪でない行為を識別する手がかりとなるということです。これは、罪刑法定主義を具体化しているともいえます。

② 犯罪個別化機能

　ある犯罪と別の犯罪を識別する手がかりとなるということです。たとえば「他人の財物」を不法に手に入れた行為が、「窃盗」なのか「強盗」なのか「横領」なのかを区別する基準になる、ということです。

③ 違法性や責任を推定する機能

　大ざっぱに言ってしまえば、犯罪認定の作業を構成要件の段階で規制していこうという機能です。この機能を重視すると、犯罪の認定は構成要件該当性の判断に尽きる、ということができます。あとは、例外的に違法性や責任を失わせる（阻却する）事情がないかを判断すればよい、ということになるのです。

構成要件の要素

犯罪行為を構成する一般的な要素

■ 行為の主体

　犯罪行為を類型化している構成要件は、さまざまな要素から成立しています。個別の犯罪行為の種類や性質に応じて若干の違いはありますが、主に、ⓐ行為の主体、ⓑ実行行為、ⓒ犯罪結果、ⓓ実行行為と犯罪結果との間の因果関係、ⓔ故意・過失をはじめとする主観的構成要件要素などで形成されています。以下では、これらの構成要件要素について詳しく見ていきましょう。

　構成要件においてまず確認が必要なのは、構成要件に該当する行為の行為者（行為の主体）が誰なのかという問題です。刑法の条文において、多くの犯罪行為について、行為の主体は「者」と表記されています。ここでいう「者」には自然人が含まれることは、当然の前提ということができます。行為の主体に関する主要な問題点は以下のとおりです。

・身分犯

　通常、犯罪を行うのは「人」ですが、行為の主体に一定の限定を加えた犯罪類型を身分犯といいます。誰でもできる犯罪ではなく、一定の立場（身分）にある者の行為だけが犯罪となったり、刑が重くなったりします。判例は、身分の意味について、一貫して「男女の性別、内外国人の別、親族の関係、公務員たる資格のような関係だけに限らず、すべて一定の犯罪行為に関する犯人の人的関係である特殊の地位または状態を指称する」という立場をとっています。

　身分犯の例として、収賄罪における「公務員」が挙げられま

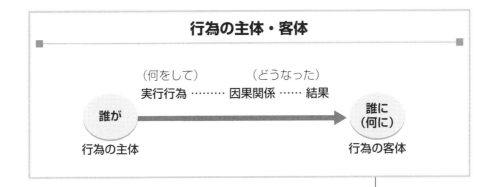

行為の主体・客体

（何をして）　　　　（どうなった）

実行行為 ……… 因果関係 …… 結果

誰が

行為の主体

誰に（何に）

行為の客体

す。つまり、収賄罪に関しては、公務員の身分を持たない限り、収賄罪の構成要件を満たすことはできないということです。

・法人の処罰

民法では「人」というと「自然人」（個人）と会社などの「法人」を含むのが原則ですが、刑法ではそうはいきません。法人は個々の人のように自ら行為ができませんし、ビルを運んできて刑務所に入れるというわけにもいきませんので、刑法は自然人のみを処罰の対象としており、法人を処罰する規定はありません。

行政刑法の分野では、自然人である従業員が業務に関して処罰された場合に、あわせて事業主である法人にも罰金刑を科すという規定（両罰規定）があります。しかし、それはあくまでも自然人が処罰されるのを前提としての法人の処罰です。

■ 主観的構成要件要素とは

行為者の心の中の事情に関する要素を主観的構成要件要素といいます。「故意」「過失」の他に、行為者の内心にある種の「目的」「意思」などがあるときだけ犯罪となる場合があります。これが主観的構成要件要素です。

故意や過失などに関する問題は別途扱うとして、ここでは、行為者に一定の目的があることが犯罪の成立要素とされている

> **行政刑法**
>
> 行政法規（行政機関が企業や個人の行動を規制する法律）における義務履行を確保するため、その義務違反に対して刑罰を科するもの。行政法規には、道路交通法、独占禁止法、各種の税法などがある。

> **その他の主観的構成要件要素**
>
> 故意の他の主観的構成要件要素として、一定の「目的」がある場合に処罰される目的犯（通貨偽造罪など）や、行為者の心理的過程が行為として現れた場合に犯罪となる表現犯（偽証罪など）が挙げられる。

犯罪について見ていきましょう。

　これらの犯罪は目的犯と呼ばれ、「一定の目的」という主観的構成要件要素が犯罪成立の有無を左右します。たとえば、通貨偽造罪や文書偽造罪は、通貨や文書を偽造するのみでは、それぞれの犯罪は成立しません。行為者に、偽造した通貨や文書を「行使する目的」がなければなりません。というのも、これらの罪は、通貨や文書に対する信用を保護法益とする犯罪ですが、偽造された通貨や文書が行使されることで、初めて保護法益が侵害されることになります。その際に、行使の目的が、偽造された通貨や文書が行使されるきっかけになるとともに、通貨や文書の信用力が害される犯罪結果が生じるきっかけにもなっているため、目的が犯罪の成立要件とされているのです。

■ 結果と実行行為

　心の中の事情以外の行為者の外部的な事情に関わる要素を客観的構成要件要素といいます。客観的構成要件要素のうちで重要なものは「結果」（犯罪結果）と「実行行為」です。危険犯や未遂犯でも「法益侵害の危険性」という結果が要求されますし、なによりも実行行為に着手することが「犯罪の開始」そのものだからです。実行行為とは、各犯罪の構成要件に該当する行為（個別の犯罪について構成要件が予定している行為）のことです。ある行為が実行行為として構成要件に該当するのかどうかは、具体的に各犯罪について認定していかなければなりません。実行行為は犯罪論のひとつのキーとなる概念だといえます。

　たとえば、殺人罪（199条）の実行行為は「人を殺す行為」、窃盗罪（235条）の実行行為は「他人の財物を窃取する行為」です。しかも実行行為は、各犯罪について定められた「結果を発生させるある程度の危険性をもった行為」でなければなりません。

　なお、不作為は何もしないことを指しますので、犯罪の実行行為にはなり得ないともいえます。しかし、期待されている行

実行行為に関する一般的行為

実行行為に関する一般的な問題はいろいろある。たとえば、未遂として処罰するか否かを分ける実行の着手の問題、そもそも犯罪となるのか否かを分ける不能犯の問題、さらには、不作為犯や因果関係そして共犯論でも実行行為は問題になる。

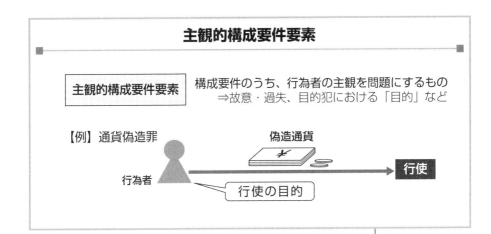

主観的構成要件要素

| 主観的構成要件要素 | 構成要件のうち、行為者の主観を問題にするもの
⇒故意・過失、目的犯における「目的」など |

【例】通貨偽造罪

偽造通貨

行為者

行使の目的

行使

為をしないという不作為によって、犯罪結果をもたらすことがあります。たとえば、生後間もないわが子（乳児）に対して、親が必要な世話をしなければ（食べ物を与えないなど）、その子は死んでしまいます（保護責任者遺棄致死罪）。このように、構成要件を不作為により実現する場合を不作為犯として処罰の対象にしている場合があるため、不作為も実行行為性を認めることができます。

そして、犯罪が成立するためには、基本的に犯罪結果が発生することが必要です。たとえば、人を殺す目的でナイフを他人に刺したとしても、その人が実際に死ななければ（死亡という結果が発生しなければ）、殺人罪は成立しない（殺人未遂罪が成立する余地はあります）ように、行為者が実行行為に及んだ場合であっても、犯罪結果が発生しなければ、犯罪の成立が認められません。

なお、未遂犯については、一見すると結果が発生していないように見えますが、「犯罪結果が発生する具体的な危険」が生じたという意味で、結果が発生していますので、犯罪の成立には結果の発生が必要であることに何ら変わりはありません。

実行行為と未遂

実行行為に着手すると未遂犯として処罰され得る

■ 実行行為とは

構成要件に該当する行為のことを実行行為といいます。前述したように、殺人罪の実行行為は「人を殺す行為」、窃盗罪の実行行為は「他人の財物を窃取する行為」です。

犯罪認定の第1段階は、ある行為が「実行行為」にあたるかどうかの判断から始まるわけです。問題の行為が「実行行為」ですらないとなれば、犯罪はそもそも不成立ということになります。実行行為は構成要件のひとつの要素ですので、客観的に見て犯罪結果をもたらすような危険性を備えている必要があります。そのような危険性がない行為は、実行行為より前の予備行為にすぎないといえます。

■ 未遂犯とその種類

犯罪の実行に着手してこれを遂げなかった場合を未遂犯といいます。未遂犯については、法益侵害結果は発生していないが、その危険性は発生しているとして、法律が定める特定の犯罪については、未遂犯を処罰することにしています（43条、44条）。

未遂犯は、犯罪の遂行を自らの意思でやめた中止未遂と、そうではない障害未遂とに区別されます。障害未遂は、実行行為自体が終了しない着手未遂と、実行行為は終了したが意図した結果が生じない実行未遂に分けられます。

■ 実行の着手

前述したように、殺人罪の実行行為は「人を殺す行為」、窃盗

窃盗罪の実行行為

34ページ参照。

未遂犯の減軽・免除

未遂犯は刑の減軽が認められるが（43条本文）、中止未遂の場合に限り、刑の減軽または免除を必ずしなければならない（43条但書）。

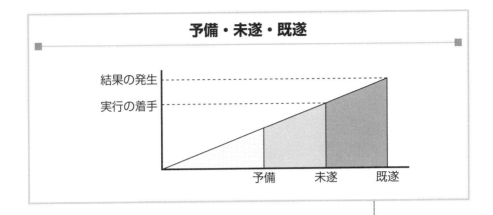

予備・未遂・既遂

結果の発生

実行の着手

予備　　未遂　　既遂

罪の実行行為は「他人の財物を窃取する行為」です。実行行為に「着手」することが予備と未遂を分ける重要なポイントです。

実行の着手時期の判定については、行為者の意思を重視する見解（主観説）と、客観的な行為を重視する見解（客観説）とが対立しています。後者の客観説については、形式的に「構成要件に該当する行為を開始したとき」とする立場（形式的客観説）と、実質的に「犯罪結果発生の危険性がある行為を開始したとき」または「既遂の結果の一定程度の危険性が発生したとき」とする立場（実質的客観説）に分かれています。

実行行為の判定時期

学説では実質的客観説が通説であり、刑事実務もこの見解で運用されているようである。

■ 間接正犯の場合

事情を知らない第三者を道具のように利用して犯罪を行う場合を間接正犯といいます。利用される者（被利用者）は道具にすぎないから、利用する者が正犯というわけです。人には意思があり「道具」と言いきれるのか、という議論はありますが、結局はいつの時点で利用者に対し「実行の着手」を認めるのか、という問題に帰着します。間接正犯の場合は、利用者の行為に実行の着手を認める見解（利用者基準説）と、被利用者が行為を開始して実質的危険性が生じた時点で実行の着手を認める見解（被利用者基準説）が対立しています。

間接正犯の例

たとえばAがCを殺すため、事情を知らないBに毒薬入りの飲料缶を託し、Cに渡すよう依頼し、BがCに缶を渡し、Cが缶の中身を飲んで死亡したケースがあてはまる。このときBが道具として使われている。

不能犯と中止犯

· ·

犯罪を途中で止めると刑が減免される

■ ワラ人形に釘を打ち込んでも

　形式的に見て実行の着手があるように見えても、その行為の危険性が極めて低いために、未遂としての処罰に値しない場合を不能犯といいます。いわゆる丑の刻参りとして、ワラ人形に釘を打込んでも人が死亡する危険性は全く生じませんし、その他にも死体にピストルを撃ち込む行為、民間人を公務員であると信じて賄賂を贈る行為などが不能犯にあたります。不能犯は、その態様に応じて2つの類型に分類ができます。

① 方法の不能

　不能犯のひとつの類型として、実行行為として採用した方法が犯罪結果を生じさせるためには不十分（不適切）であり、未遂としても処罰の対象に含めるのが適切ではない場合があります。これを方法の不能といいます。判例においては、人を殺す目的で硫黄の粉末を服用させたという事例において、殺人の方法としては絶対的に不能であることを理由に、殺人未遂罪の成立が否定されています。

　もっとも、当該事例では犯罪結果が生じていなくても、犯罪結果発生の危険性が絶対的にないといえない場合には、未遂犯の成立が肯定されています。判例においては、静脈に空気を注射したが、注入した空気の量が不足していて死亡しなかった事例で、注射された人の健康状態などによっては、死亡の危険がないとはいえないとして、殺人未遂罪が肯定されています。

② 客体の不能

　上記の「死体にピストルを撃ち込む行為」は、その対象が死

不能犯か否かの判断

本文記載のように、判例は犯罪結果発生の具体的危険性の有無を、不能犯の判断基準に用いているといえる。このように、行為者の意思がどの程度犯罪結果発生の危険性に結びついているか否かによって、不能犯成立の有無を検討する立場を、具体的危険説という。

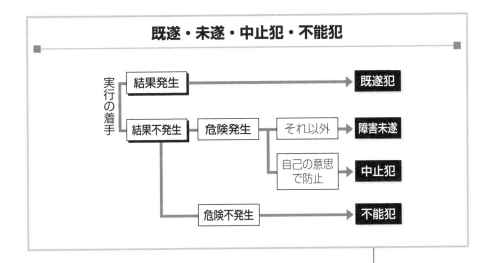

既遂・未遂・中止犯・不能犯

実行の着手
- 結果発生 → **既遂犯**
- 結果不発生
  - 危険発生
    - それ以外 → **障害未遂**
    - 自己の意思で防止 → **中止犯**
  - 危険不発生 → **不能犯**

体であるため、「人」を殺す行為である殺人罪において行為の客体がいないことになります。このように、行為の客体が不存在の場合を客体の不能といいます。

　もっとも、死体であることが明らかな場合は、客体の不能として未遂犯が否定されると考えられます。しかし、行為当時に客体が死亡しているか否かの判断が微妙である場合は、犯罪結果を生じさせる客観的な危険性のある行為がなされていると、未遂犯が肯定される可能性が高いことに注意する必要があります。

■ 不能犯の判断基準

　未遂犯と不能犯を区別する基準については、①判断の時点（いつ）、②判断の基礎となる事情（何を）、③判断の基準（誰が）の3点にわたって、学説が複雑に対立しています。

　この点については、ⓐ行為時に、ⓑ一般人が認識し得た事情および行為者がとくに認識していた事情を基礎に、ⓒ一般人の視点で具体的危険性の有無を判断するという立場（具体的危険説）が有力です。ただ最近では、ⓐ行為時に、ⓑ存在した客観的事情を基礎に、ⓒ裁判官が一般人の視点で科学的合理的に判

断するという立場（客観的危険説）も主張されています。

■ 途中で止めたら

犯罪の実行に着手した者が自分の意思でやめたときは中止犯（中止未遂）とされ、刑が必ず減免（減軽または免除）されます（43条但書）。このように、中止犯の処罰が軽く扱われる根拠は、自分の意思でやめた点に犯罪性が弱いことが認められます。つまり、法律が規定する犯罪の成立要件が減少している状態であることに、中止犯における刑の減免理由を求める見解だといえます（法律説）。

犯罪行為は違法性および有責性を備えている必要がありますので、それに対応して、行為者が犯罪を遂行する意思を放棄する等して、犯罪結果の発生が防止された点について、違法性が減少したと考える見解（違法減少説）と、犯罪行為を途中で中止したという行為者の姿勢が、行為者の責任を減少させる根拠になるため刑が減免されると考える見解（責任減少説）が主張されています。なお、自分の意思でやめたのではない場合（障害未遂）や、自分の意思でやめても結果が発生してしまった場合（既遂犯）は、中止犯にはなりません。

■ 中止犯の要件

中止犯が成立するためには、①任意性、②結果の不発生が必要となります。

① 任意性

中止犯の要件として「自分の意思でやめた」こと（任意性）が必要です。外部的な原因ではなく、専ら行為者自らの内心に基づく原因から、犯罪を中止したといえる場合に限り、任意性を肯定できると考えられます。つまり、「自分の意思でやめた」といえるかどうかについては、犯罪の遂行に障害となるような外部の事情を表象して（思い描いて）やめたときは障害未遂、犯

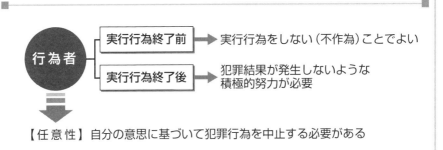

中止犯の成立要件

行為者

実行行為終了前 → 実行行為をしない（不作為）ことでよい

実行行為終了後 → 犯罪結果が発生しないような積極的努力が必要

【任意性】自分の意思に基づいて犯罪行為を中止する必要がある

罪を遂行できると思っていたがやめたときは中止犯となります。

　たとえば、実行行為に着手しながらも、悔い改めたり反省の上で犯行を中止した場合や、被害者に哀願されて中止した場合において、通常であればそのまま実行行為を継続して犯罪結果を生じさせたといえるところ、行為者自身が自発的な意思に基づいて中止しているために、中止犯の成立を認めた判例があります。

② 結果の不発生

　中止行為により犯罪結果が生じる危険性が消滅することも必要です（結果の不発生）。実行行為が終了していない着手未遂の場合は、その行為を中止するだけで中止犯が成立します。しかし、実行行為が終了した実行未遂の場合は、その行為を中止するだけでなく、結果が発生しないよう真剣な努力をしなければなりません。たとえば、殺害目的で被害者に重傷を負わせた場合は、病院に搬送するなどの救命に向けた積極的な努力が要求されます。

　なお、結果発生の防止については、行為者が単独で行う必要はありません。ただ、結果防止に向けて他者の行為などが介在しているときは、行為者自身が中止行為をしたといえる程度の真摯な努力があったことを要求するのが判例です。

真摯な努力

学説では結果不発生が犯人の真摯な努力と関係ない事情によるときでも、中止犯を認めてよいと考えるのが有力であるが、判例はそのように考えてはいないようである。

不作為犯

すべきことをしないことで犯罪が成立し得る

■ 不作為犯とは

　刑法上の犯罪は多くのものが「○○した者は…」と、ある行為を「する」という作為の形で規定されています。これを作為犯といいます。

　しかし、中には「○○しなかった」という不作為の場合にも犯罪になることがあります。「見殺しにする（助けない）」ことが「殺す」ことと同じように悪いとされる場合もあるでしょう。このように、作為の形式で規定された各犯罪の構成要件が不作為によって実現される場合を、不真正不作為犯といいます。

■ 不作為の行為性・因果性

　現在では、作為とともに不作為を刑法上の「行為」に含める点で争いはありません。

　また、「無から有は生じない」として、不作為の因果性は認められない（不作為は結果を引き起こす原因となりえない）という見解もありました。現在では、不作為は「一定の期待された作為をしないこと」と理解され、「期待された作為がなされたならば、結果が生じなかったであろう」という関係が認められれば、因果関係があると考えられています。

■ 不作為の実行行為性（作為義務の存在）

　不作為犯で最も問題となるのは、実行行為性の判断です。結果と因果関係の認められる不作為をすべて処罰すると、処罰範囲が拡大しすぎます。「行き倒れ」を見かけて素通りする人は

真正不作為犯

当初から不作為の形式で規定されている犯罪のこと。たとえば、人の住居などから「退去しない」ことが構成要件となる不退去罪（130条）がある。

不作為は行為か

かつては、不作為は「行為」ではないとする議論もあったが、不作為が犯罪結果を引き起こす原因になる場合があるため、本文記載のように行為であると認められている。

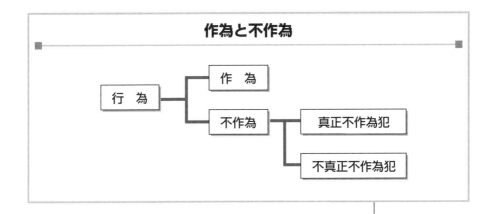

作為と不作為

```
         ┌─ 作 為
  行 為 ─┤
         └─ 不作為 ─┬─ 真正不作為犯
                    └─ 不真正不作為犯
```

不道徳なのかもしれませんが、だからといって、その不作為を
すべて「殺人罪の実行行為」とされてはかないません。やはり
「危険を積極的に生じさせた場合（作為）と同視できる場合
（作為と等価値の不作為）」に限り、実行行為性が認められると
すべきでしょう。

　具体的には、①結果発生防止を必要とする重要な法益に関し
て一定の危険が存在し、②作為による結果発生防止が可能で
（結果回避可能性・作為の可能性）、③その者が結果発生を防止
すべき地位または理由があった場合（作為義務）に限り、不作
為の実行行為性が認められるとすべきでしょう。つまり、法益
侵害の危険性もないのに不作為犯は問題になりません（①）。
また、結果を防止するのに大変な苦労（作為）を強いるわけに
もいきません（②）。さらに、「お前のせいで雨が降った」と言
われても、雨が降るのを防止できないのでどうしようもないで
しょう（③）。

　なお、③の作為義務の発生根拠としては、ⓐ法令、ⓑ契約・
事務管理、ⓒ慣習、ⓓ条理、ⓔ先行行為が挙げられています。
先行行為とは、自分がやっていた行為が引き金で、問題となる
事態が生じた場合（危険発生の原因を生じさせた場合）です。

条理

物事の道理。条理も法
源になる場合がある。
法が定めていない場面
や想定していない場面
では、条理に基づいて
判決がなされることが
ある。

事務管理

法律上の義務がないの
に、他人の事務を処理す
る行為（民法697条）。

因果関係

実行行為と結果との間にある一定の原因と結果の関係

■ 原因と結果の関係

　既遂犯の成立には、実行行為と結果との間に「原因→結果」
と呼べる関係が必要です。その行為の「せい」で、その結果が
生じたといえなければならないわけです。因果関係が認められな
い場合は、未遂罪の成否が問題となるため、未遂を処罰する規
定がなければ、犯罪が不成立となります。自然科学的には、因
果関係の連鎖は無限に連なり得ますが、刑法上の因果関係はそ
れとは同じではありません。既遂としての処罰に値するかどう
かの価値判断を含むのです。

　刑法上の因果関係については、結果に対する原因として、ど
の程度までの事実を判断に含めるかについて、条件説と相当因
果関係説といった学説が対立しています。

■ 条件説の問題点

　「PがなければQがない」という関係を条件関係といいます。
実行行為と犯罪結果との間に因果関係を認めるためには、少な
くとも事実上の問題として、実行行為から犯罪結果がもたらさ
れたという関係性があることが必要です。

　条件関係が必要であることは争いがなく、刑法上の因果関係
において条件関係の存在が前提になっています。問題は条件関
係をいかなる基準で判断するのかという点です。

　この点について、条件関係があれば刑法上の因果関係を認め
る考え方を条件説といいます。ただ、条件説を貫くと不合理な
ことが生じかねません。犯罪結果をもたらしたとされる事実と

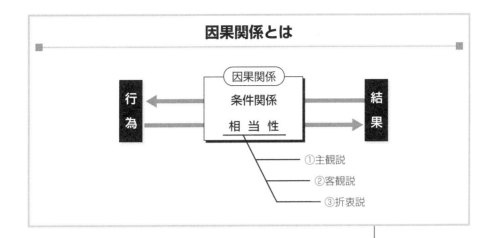

因果関係とは

因果関係

条件関係

相当性

行為 ← → 結果

① 主観説
② 客観説
③ 折衷説

しての原因は、さかのぼろうと思えば際限なくさかのぼることが可能であり、あまりにも処罰範囲が広くなり過ぎるのではないか、という危険が生まれるためです。

■ 相当因果関係説とは

そこで、条件関係の認められる範囲から不相当なものを排除するために唱えられたのが相当因果関係説です。一般人の社会生活上の経験に照らし、通常その行為からその結果が発生することが相当と認められる場合（相当性がある場合）に、刑法上の因果関係を認めようとするわけです。ただ、いかなる事情を基礎に相当性を判断するかについて、主観説・客観説・折衷説の対立があります。このように学説が分かれるのは、以下のようなケースをめぐる結論が分かれるためです。

たとえば、AがBの頭を殴るなどの暴行を加えた場合に、Bには外見上からはわからない先天性の脳の疾病があり、Aの打撃が原因で死亡したという事例において、Aの攻撃とBの死亡との間に因果関係を認めることが妥当かについて、各説がどのように判断するのか、各説の内容を確認しつつ見ていきましょう。

条件説が抱える
問題点

たとえば、ある人に外出するように助言した際に、その人が落雷で死んだ場合に、条件説からは、「外出した方がいいよ」というアドバイスのせいで、その人が死んだとも言い得ることになりかねない。つまり、アドバイスを実行行為とする殺人罪が肯定される可能性があるということである。また、AがBをナイフで刺して殺したという典型的なケースであっても、最終的には、殺人が起きたのは犯人Aを生んだ親が悪い、ということになりかねない。

① 主観説

　行為者が行為の当時に認識した事情および予見しえた事情を基礎にする見解です。前述した事例では、行為者Aが、打撃時にBの脳の疾病について認識または予見することができた場合にのみ、因果関係が肯定されることになります。

　行為者に対する犯罪が成立するかという判断で、当該行為者を基準に因果関係の有無を検討する点では適切であるようにも思われます。しかし、行為者が特異な人物で、一般人であれば当然予見できた事情についても、行為者が認識していなかったら基礎事情から除かれる、というのは適当でないとの批判があります。

② 客観説

　行為時に存在した全事情と予見可能な行為後の事情を基礎にする見解です。前述の事例では、行為当時にBの脳に疾病があるとの客観的な事情があるため、因果関係が肯定されることになります。

　しかし、客観説は行為時に存在した全事情を判断に取り込む点について、行為者に限らず一般人すら知り得ない特殊な事情を基準に因果関係が判断されることになり、あまりに行為者に酷な結論をもたらしかねないとの批判が加えられています。

③ 折衷説

　行為時に一般人が知り得た事情及び行為者がとくに知っていた事情を基礎にする見解です。主観説と客観説が抱える問題点を克服することが可能であり、有力説であるとされています。

　前述の事例において、Bの脳に疾病があったとの事情は、Bの外見からは知ることができないため、因果関係を判断するための基礎事情から外されます。そのため、客観説とは異なり、一般人すら知り得ない事情に基づき、処罰範囲が広がりすぎるという危険を回避することが可能です。ただし、折衷説では行為者がとくに行為時に知っていた事情を基礎にすることが可能

相当因果関係説における基礎事情

	因果関係を判断する際の基礎事情
主 観 説	行為者が行為の当時に認識した事情および予見しえた事情
客 観 説	行為時に存在した全事情と予見可能な行為後の事情
折 衷 説	行為時に一般人が知り得た事情及び行為者がとくに知っていた事情

ですので、AがBの疾病について打撃時に知っていた場合には、それが基礎事情に取り込まれて因果関係が肯定されることになります。

■ 仮定的因果関係

たとえば、「死刑執行人Bが死刑囚Aの刑を執行する際、執行ボタンを押そうとした瞬間に、被害者の父親CがBを突き飛ばして代わりにボタンを押した」という例がよく挙げられます。これを仮定的因果関係といいます。条件関係は、当該行為を除いたとしたと仮定した際に、犯罪結果が生じないといえるならば、行為と結果の間に「行為がなければ結果なし」という関係が認められることを根拠にして、因果関係が肯定されます。

上記事例では、Cの行為がなかったとしても別の事情（死刑執行）によって同じ結果が発生しただろうということができ、Cの行為を取り除いてもAの死亡という結果の発生を回避することは不可能であるため、条件関係はないとも思えます。しかし、現に結果を発生させたCの行為だけを問題にすべきであるため、例外的に存在しなかった事情を取り除いて、因果関係の有無を判断します。事例では、実際に死刑執行人Bは執行ボタンを押していないため、Bの行為を判断から取り除き、Cの行為にのみ焦点をあてて、この場合も条件関係は認められるとされています。

違法性阻却事由

構成要件に該当する行為の違法性を失わせる根拠

■ 違法性阻却事由とは

**構成要件の違法
性責任推定機能**

31ページ参照。

　構成要件に該当する行為は、原則として「違法」です（構成要件の違法性責任推定機能）。しかし、例外的に構成要件に該当しても「違法ではない」と評価される場合があります。

　たとえば、暴漢に襲われてとっさに反撃に出て、その暴漢にケガを負わせてしまっても（傷害罪）、「正当防衛」として許されます。また、プロレスやボクシング（暴行罪・傷害罪）は、基本的には「正当行為」（正当業務行為）として許されます。

　このように、構成要件には該当するのですが、ある事情から違法ではない（正当化する）とされるときの、その「ある事情」を違法性阻却事由といいます。刑法上規定されている違法性阻却事由として、正当行為（35条）、正当防衛（36条1項）、緊急避難（37条1項本文）があります。

可罰的違法性

犯罪として刑罰を科するに値するだけの違法性があること。

　また、刑法には条文がありませんが、可罰的違法性を欠くような軽微な犯罪である場合には、違法性が阻却されると考える立場もあります。

■ 違法性阻却の一般原理

　「違法とは何か」を考えることは、処罰すべき「悪いこと」は何かを探し出す作業です。これに対し、「違法性阻却の一般原理」を考えることは、その裏返しであって、一見「悪いこと」のように見えて「実は許されること」を探し出す作業です。起きた出来事や行為者の事情に応じて個別に判断するのでは、不公平や不合理が生じかねませんから、あらかじめ原理（考え

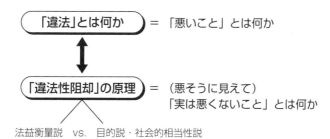

違法性阻却事由とは

「違法」とは何か ＝ 「悪いこと」とは何か

⬍

「違法性阻却」の原理 ＝ （悪そうに見えて）
　　　　　　　　　　　　「実は悪くないこと」とは何か

法益衡量説　vs.　目的説・社会的相当性説

方）を統一しておこうということです。

① **法益衡量説（優越的利益説）**

　構成要件に該当する法益侵害を上回る（ないしは同等の）利益が存在する場合に違法性が阻却される、という考え方を法益衡量説（優越的利益説）といいます。違法性に関する法益侵害説や結果無価値論と結びつきやすい考え方です。つまり、マイナス（犯罪行為）を補うプラス（利益）があるとき、少なくともプラスマイナスゼロなら、許される（違法性が阻却される）のではないかという考え方です。

結果無価値論

24ページ参照。

　たとえば、正当防衛では、攻撃を加えてきた者を「不正」ととらえると、「正」である自己の生命・身体という法益を保護するために、反撃を加えることが正当化されるということです。

② **目的説と社会的相当性説**

　これに対して、正当な目的のための相当な手段であれば違法性が阻却されると考える目的説や、社会的に相当な（社会倫理秩序の枠内の）行為であれば違法性が阻却されると考える社会的相当性説は、違法性に関する法規範違反説や行為無価値論と結びつきやすい考え方です。

法令または正当な業務行為

正当な医療行為について傷害罪は成立しない

■ 一般的正当化事由

　刑法35条は、「法令又は正当な業務による行為は、罰しない」と定めています。この規定は、あとで述べる正当防衛や緊急避難以外の正当化事由（違法性阻却事由）を一般的に規定したものと理解されています。

① 法令行為

　「法令による」行為とは、法律または命令に直接の根拠をもつ行為で、これらは形式的には構成要件に該当しても正当化されることが認められています。典型的な例が、公務員の職務行為です。死刑執行官による死刑執行は殺人罪にはなりませんし、警察官による逮捕・勾留は逮捕・監禁罪にはなりません。

　法令行為の違法性が阻却される根拠としては、優越的利益の保護から説明することが可能です。たとえば逮捕状に基づく逮捕の場合、被逮捕者の人身の自由と比較して、刑事手続きにおける真理の探究という国家的利益が優先されるため、違法性が阻却されるということです。

　その他、母体保護法による人工妊娠中絶は同意堕胎罪の違法性を阻却しますし、競馬法などによるいわゆる公営ギャンブルは、賭博罪や富くじ罪の違法性を阻却します。また、親や教員による懲戒行為なども、それが一般社会において妥当なものとされる限りは違法性が阻却されます。

② 正当な業務による行為

　正当な業務による行為も違法性を阻却します。業務とは、人が社会生活上の地位に基づいて反復・継続して行う行為をいい

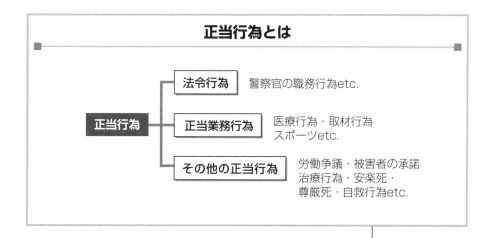

正当行為とは

```
            ┌─ 法令行為        警察官の職務行為etc.
            │
正当行為 ──┼─ 正当業務行為    医療行為・取材行為
            │                  スポーツetc.
            │
            └─ その他の正当行為  労働争議・被害者の承諾
                               治療行為・安楽死・
                               尊厳死・自救行為etc.
```

ます。ここでは「業務」であることよりも「正当な」行為であることが重要で、弁護士の弁護活動や報道機関の取材活動も、正当であって初めて違法性が阻却されます。

　手術などの治療行為は、形式的に傷害罪の構成要件に該当しますが、業務行為として正当化されます。ただ、治療と称する行為はなんでも正当化されるわけではなく、治療という正当な目的で、医学上の準則に従った相当な手段で、かつ被害者の同意が必要と言われます。

　暴行や傷害を伴う相撲やボクシングなども正当業務行為とされます。プロスポーツばかりではなくアマチュアの行為も正当化されるのは、それが業務だからではなく正当だからです。

③　その他の正当行為

　労働争議行為は、正当なものである限り、形式的に業務妨害罪・脅迫罪・強要罪・住居侵入罪・器物損壊罪の構成要件に該当しても違法性が阻却されます。

　その他、盗品を犯人から奪い返すような、国家機関の救済を待っている余裕のない場合に自ら実力で救済を図るような自救行為や、借金返済の催促の際に多少の脅迫的言動を伴う権利行使などの場合に、違法性が阻却されると言われています。

その他の正当な業務による行為

本文記載の例以外でも、宗教活動において、正当な業務行為として違法性阻却が認められる場合がある。たとえば、キリスト教の牧師が牧会活動として被疑者を隠避した事例で、違法性阻却が肯定された裁判例がある。

正当防衛と緊急避難

反撃時に攻撃意思があっても正当防衛が成立して違法性が阻却される場合がある

■ 正当防衛とは

　急迫不正の侵害に対し、自己または他人の権利を防衛するためにやむを得ずにした行為を正当防衛といいます（36条）。正当防衛が認められた場合には、違法性が阻却されます。もっとも、すべての防衛行為が正当防衛として違法性が阻却されるのではありません。正当防衛が成立するためには、主に以下のような要件を満たす必要があります。

① 「急迫不正の侵害」

　「急迫」の侵害とは、目の前にさしせまった侵害をいいます。つまり侵害される人の利益に対する危険が、切迫している必要があるということです。なぜならば、侵害の危険に時間的余裕がある場合には、正当防衛行為に及ばなくても、他の方法により侵害から回避等できる場合もあるでしょうし、切迫した危険を回避する必要があるからこそ、侵害者の法益を反撃によって害することになっても、正当防衛行為に出ることが許されるからです。したがって、明日、段られそうだから、今日段っておく、というのはダメです。なお、急迫性は予期せず不意に訪れる必要はなく、あらかじめ予期されている場合であっても、当然には急迫性の要件は失われないと考えられています。

　また、「不正」とは違法ということですから、責任無能力者に対しても正当防衛は可能です。「侵害」は、他人の権利を侵害するのであれば、作為の形でも不作為でもかまいません、夫婦喧嘩をしてふてくされた妻が乳児に授乳しないで放置しているのを、「子どもにミルクをあげないと、なぐりとばすぞ」と

正当防衛と緊急避難のまとめ

	正当防衛	緊急避難
緊　急　性	急迫性	現在性（急迫性）
侵害の内容	「不正の侵害」。違法であることが必要	「危難」。違法である必要はない。自然災害も含む
行為の対象者	侵害者本人 （正対不正）	危難と無関係の第三者 （正対正）
必　要　性	他にとるべき手段がないことまでは要しない（相当性）	唯一無二の方法であることが必要（補充性の原則）
法益の権衡	厳密である必要はない	守られた法益の方が優越 or 同等であることが必要

脅しても正当防衛にあたりうるでしょう。

② 「自己または他人の権利を防衛するため」

「権利」といっても、○○権と名のつくものに限らず、法律によって保護されるだけの価値のある利益であればOKですし、他人のためにも正当防衛は可能です。

③ 「防衛するため」

この要件を防衛の意思をもって行為することと解するのが判例です（防衛の意思必要説）。ただ、判例は防衛の意思の具体的内容について、防衛の意思以外をあわせ持っているとしても、防衛の意思を当然には否定していません。

たとえば、正当防衛が行われる状況では、反撃者の感情が高揚して逆上している場合もあります。このときは、侵害者に対する攻撃の意思をあわせ持つこともありえますが、そうであっても防衛の意思は否定されません。しかし、不正な侵害が加えられた機会に乗じ、防衛に名を借りて積極的に攻撃を加えた場合には、防衛の意思が否定され、正当防衛は成立しないとしています。

防衛の意思不要説
防衛の意思不要説も有力に主張されている。防衛の意思不要説によると、「防衛するため」とは、客観的に防衛に向けられた行為を意味することになる。

　なお、不正な侵害が予期できる場合に、その侵害を積極的に利用して（積極的加害意図をもって）攻撃した場合は、急迫性の要件が失われて、正当防衛が成立しないと考えるのが判例です。

④　「やむを得ずにした行為」

　「やむを得ず」（相当性）とは、具体的事情のもとで法益を防衛するために必要で、しかもその手段として相当と認められる場合をいいます。つまり、自己または第三者の権利を守るため、正当防衛行為に出ることが必要不可欠な場合でないときでも、正当防衛が認められる余地があります。この相当性は抽象的な要件であり、必ずしもその意味は明らかではありませんが、相当性を判断する上では「武器対等の原則」が参考になります。

　武器対等の原則とは、正当防衛においては、侵害者の用いる手段を超える強力な手段によって、正当防衛行為を行うことは原則として許されないとするものです。たとえば、素手で侵害行為を行ってきた侵害者に対して、反撃行為としてナイフにより応じる場合には、原則として正当防衛としての違法性の阻却は認められません（過剰防衛が成立する場合はあります）。

　なお、武器対等の原則においても、侵害者が屈強な男性である場合などには、その者が素手であっても、反撃行為に出る女性や子どもがナイフにより応じても、基本的には相当性が失われないと考えられます。

■ 緊急避難とは

　緊急避難とは、「自己または他人の生命、身体、自由または財産に対する現在の危難を避けるため、やむを得ずにした行為のうち、これによって生じた害が、避けようとした害を超えなかった」場合をいいます（37条1項）。

　正当防衛は侵害者に対する防衛行為ですが（不正対正）、緊急避難は、無関係な第三者に対する避難行為です（正対正）。そのため、危難については、必ずしも違法である必要はありま

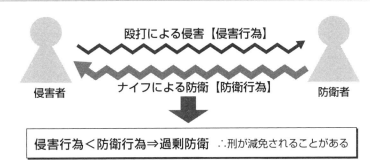

せん。一方、「現在の危難」という正当防衛における「急迫不正の侵害」とは異なる用語が用いられていますが、この点については、大きな差はないと考えられています。

「やむを得ずにした行為」とは、正当防衛の場合とは異なり、他にとるべき方法がなかったことを意味します（補充性）。さらに、「生じた害が、避けようとした害を超えなかった」ことも必要です。これを法益権衡の原則といいます。

■ 過剰防衛・過剰避難

「防衛の程度を超えた行為」を過剰防衛（36条2項）、「程度を超えた」避難行為を過剰避難（37条1項但書）といいます。

たとえば、正当防衛状況において、殴打を加えてきた侵害者に対抗するために、正当防衛行為に出たが、侵害者を殴りすぎてしまい侵害者を殺してしまった場合や、すでに侵害行為が終了しているにもかかわらず、防衛行為を続けた場合には、過剰防衛が問題になります。

過剰防衛や過剰避難は、あくまでも違法な侵害行為や目前に迫った危難を避けるための行為ですので、情状により刑が減免される余地があります（36条2項、37条1項但書）。

責任主義と期待可能性

■ 責任主義と責任の要素

　構成要件に該当する違法な行為であっても、非難が可能でなければ犯罪を成立させることはできません。これを責任主義といいます。つまり「適法な行為をしようと決意する可能性が存在したにもかかわらず、あえて違法な行為をしたことについて行為者を非難できる」ということです。非難に値する行為さえしなければ罪に問われることはない、という安心感は刑罰制度の信頼の礎です。

　ところで、責任が行為者に対する非難可能性であるとすると、行為者に責任を負担する能力（責任能力）があることを前提に、適法行為を決意する反対動機（やめようという意思）が形成される可能性があるにもかかわらず、あえて違法行為を行ったことが必要となります。つまり、自分をコントロールできる人が、悪いことだと知りながら（知ることができたにもかかわらず）、その悪いことをしてしまったという状況が必要だ、ということになります。そこで、責任を問うには、責任能力・故意または過失が必要です。これを責任の要素といいます。

　ここの文章は難解ですが、非常に大切なことです。責任論に関する問題点を理解するベースになる考え方といえます。シッカリと、頭の中にたたき込んでおいてください。

■ 規範的責任論と期待可能性

　責任を判断する要素をどのようにとらえるのかについて、立場が分かれています。それが心理的責任論と規範的責任論の区

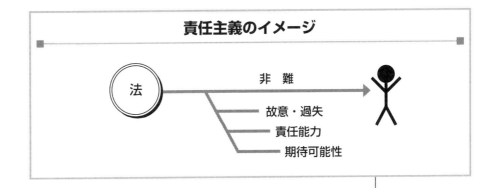

責任主義のイメージ

法 — 非 難 →

故意・過失
責任能力
期待可能性

別です。また、行為者の責任能力は、その行為者の責任を肯定するための重要な要素ですが、その他にも、行為者の責任を肯定するための要素があります。それが期待可能性の理論です。

　以下では、これらの点について詳しく見ていきましょう。

① 心理的責任論と規範的責任論

　かつては、行為者の故意（認識したこと）・過失（不注意であったこと）という心理状態そのものが非難に値する、と考える心理的責任論が有力でした。しかし現在では、「認識した（故意）・不注意だった（過失）」という心理状態よりも、むしろ「認識した（認識すべきであった）にもかかわらず、反対動機を形成して思いとどまらなかった（故意）・不注意で認識しなかった（過失）」ことに対する非難が重要であって、「～すべきであったのにしなかった」という評価を中心に刑事責任を考える規範的責任論が主流となっています。

② 期待可能性

　規範的責任論は、適法行為をすべきなのに違法行為をしたことに非難の根拠を求める考え方です。行為時の具体的事情の下で、行為者が違法行為ではなく、適法行為を行い得ると期待できることを期待可能性といいます。責任能力や故意・過失が認められても、期待可能性がない場合には、違法行為を非難できないので、責任が阻却されます。

責任能力と原因において自由な行為

原則として実行行為時に責任能力が備わっていなけれ
ばならない

■ 責任能力とは

　責任能力とは「事柄（事理）の是非・善悪を判断し、かつ、
それに従って行動する能力」と理解されています。物事を評価・
判定する能力と、その判断に従って自らをコントロールする能
力の一方でも欠けていれば、行為者を非難できないでしょう。

　刑法は「罰しない」（犯罪不成立）「刑を減軽する」という消
極的な形で責任能力について示しています。刑法において責任
能力が否定される者は、以下のとおりです。

①　心神喪失者（39条1項）

　心神喪失とは、精神の障害により事柄の是非・善悪を判断す
る能力、またはそれに従って行動する能力を欠く状態をいいま
す。心神喪失者は責任無能力なので、犯罪不成立となります。

②　心神耗弱者（39条2項）

　心神耗弱とは、責任能力が著しく減退した状態をいいます。
心神耗弱者は限定責任能力なので、必ず刑が減軽されます。

③　刑事未成年者（41条）

　刑法は「14歳に満たない者」を画一的に責任無能力（犯罪不
成立）としています。年少者の可塑性（将来性）を考慮し、政
策的に刑罰を科すことを控えたものです。

■ 原因において自由な行為とは

　責任を問うには、原則として実行行為時に責任能力があるこ
とが必要です（行為と責任の同時存在の原則）。しかし、この
原則を貫くと、不合理な結果が生じかねません。たとえば、責

原因において自由な行為とは

【原因において自由な行為】

[原因行為]		[結果行為]	
責任能力 あり	飲酒 行為	責任 無能力状態	殺害 行為

＜意図的に利用＞

任無能力であれば無罪になることを利用し、覚せい剤を注射して心神喪失状態に陥った後に相手を殺害したような場合には、素直に無罪と言いきれないものがあるからです。

　このように、自らを責任無能力（ないし限定責任能力）状態に陥れて犯罪結果を生じさせた場合に、原因行為を根拠に処罰しようとする理論を原因において自由な行為の理論といいます。

■ 行為と責任の同時存在の原則の修正

　行為と責任の同時存在の原則を維持しつつ、原因において自由な行為の可罰性を説明する立場も主張されていますが、実行の着手時期が早すぎるし、限定責任能力の場合は「道具として利用した」と言いきれないのではないかと批判されています。

　最近では、同時存在の原則を修正し、実行の着手時期は結果行為時（責任能力のない時点）に求めつつ、原因において自由な行為の可罰性を説明する見解が有力です。責任能力は具体的な犯行時（結果行為時）になくても、結果行為が原因行為時の責任能力によって支配可能である限り、行為者の責任非難は可能であるとするのです。

原因において自由な行為について

行為と責任の同時存在の原則を維持しつつ、原因において自由な行為の可罰性を説明しようとする立場は、間接正犯と同様の構造でとらえる立場である。責任無能力となった自己を道具としてとらえ、責任無能力になる以前の行為者が、道具となった自らを使って犯行の目的を達成すると考える。

Column

被害者の承諾

　法令行為や正当な業務行為の他にも、違法阻却事由として挙げられるのが、被害者の承諾（被害者の同意）です。犯罪行為によって法益を侵害される被害者が、法益侵害について有効な承諾を与えていることを根拠に当該法益が保護の必要性を失うために、法益を侵害しても違法性が失われるということです。この原理は「法益性の欠如」や「利益欠缺の原理」などと呼ばれる考え方です。

　もっとも、被害者が承諾を与えている場合に、すべての犯罪行為について、違法性が阻却されるわけではありません。たとえば、侵害されることについて承諾を与えた法益が生命である場合には、たとえ承諾している相手を殺したとしても、違法性が阻却されません。刑法は、同意殺人罪（202条）を規定しており、承諾を与えている人を殺した場合を処罰することを明らかにしています。

　なお、違法性は阻却されませんが、同意殺人罪が通常の殺人罪と比較すると軽い法定刑が規定されているのは、被害者の承諾が与えられていることが影響しているといえます。

　被害者の承諾がとくに問題になるのは、同意傷害の事例です。たとえば、被害者が自身に対する殴打について承諾を与えている場合、これにより被害者が全治2週間程度の傷害を負っても、違法性が阻却されるということです。しかし、暴力団等において行われている「指つめ」についても、不可罰とすることには、批判が加えられています。なぜなら承諾とはいっても、承諾が強制されている場合も少なくないためです。そこで学説の多数説は、被害者の承諾は、社会的に相当な行為に限り有効であるという形で、承諾を与えることができる場合に限定を加えています。これにより、「指つめ」について被害者が承諾を与えている場合であっても、それは不相当な行為として無効なので違法性が失われず、傷害罪の成立を認めることが可能になります。

PART 3

刑法総論②
【故意と過失】

故意の意義

故意とは積極的に犯罪事実を引き起こそうとする意思
をいう

■ 故意が非難されるわけ

日常の言葉では、故意とは「わざと何かをやること」を意味します。これを刑法のレベルで言い直せば、故意があったとされる者は、少なくとも自分の行為によって罪となるべき事実が引き起こされることを知っている者である、ということになります。

罪となるべき事実、つまり法律上許されない被害をひき起こすことを知っているならば、特別の事情がない限り、誰でも自分のしようとしている行為が法律上許されないことを意識するか、少なくとも意識できるはずでしょう。それならば、良心の抑止力を働かせて（反対動機を形成して）、その許されない行為をしないようにすべきです。にもかかわらず、それをあえて押し切って行為をすることは強い非難に値するといえます（56ページ）。

■ 故意があるといえるには

故意があるといえるには、行為者が犯罪事実を認識または認容していることが必要と言われています。

まず、行為者が犯罪事実を積極的にひき起こそうと意欲していた場合には、犯罪事実の認識があって、故意があるといいやすいですね。反対に、自分の行為によって罪となるべき事実が発生するとは思っていなかった場合には、犯罪事実の認識・認容がないので、過失犯が成立しないかを考えることになります。

問題となるのは上記の中間です。つまり、犯罪事実をひき起

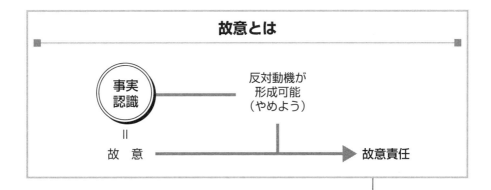

故意とは

事実認識 ＝ 故意 —— 反対動機が形成可能（やめよう） —— ▶ 故意責任

こすかもしれないことを知りながら、その行為をする場合です。この点は、犯罪事実が実現することを積極的に希望はしないけれども、起きるなら起きてもかまわない（やむを得ない）と思っていた場合には、犯罪事実の認容があるものとして、故意があると認めるのが大勢です（未必の故意）。

次に、認識・認容すべき犯罪事実の内容ですが、行為者に反対動機を形成させる足がかりとなる事実であることが必要です。具体的には、構成要件に該当する結果と行為を認識・認容していることが必要です。自分が人を殺そうとしているのか、脅そうとしているのか、他人の物を盗ろうとしているのか、などということを知っていなければ、故意があるとはいえません。

もっとも、裁判官の評価的判断によって補充されること（裁判官の判定を待って初めて正確に内容が確定されること）が必要な構成要件（規範的構成要件要素）については、行為者に専門家的な認識を要求するのは不可能ですから、素人的な認識があれば故意が認められます。たとえば、バレるとマズそうな写真があるが、自分にとってこの程度は「わいせつ」とは思えない場合、裁判でわいせつと判断されるものだという認識までは不要ですが、少なくともバレるとマズいという素人的な認識は必要です。

規範的構成要件要素の例
わいせつ物販売罪における「わいせつ」の概念、公務執行妨害罪における「職務の適法性」の概念などが該当する。

事実の錯誤と法律の錯誤の区別

事実の錯誤は故意を阻却する

■ 思い違いにもレベルがある

意味の認識

事実の錯誤は、単なる客観的な事実の認識の有無が問題になっているわけではなく、構成要件該当事実に対する意味内容を認識していることが必要とされる。このように、故意の有無を判断する上でも重要になる、単なる客観的事実を超えた認識は、「意味の認識」と呼ばれる。

　世の中なかなか思い通りにいかないものです。それは、刑法の世界でも同じです。犯罪は、常に行為者の思惑通りに行われるとは限りません。行為の時に行為者が思い描いていたことと、実際に生じたことが食い違ったり、予想以上のことが起きたりすることはよくあることです。この行為者の主観的認識と客観的に生じた事実の不一致を錯誤といいます。

　ところで、一言に錯誤といっても、どのような錯誤なのかに注意が必要です。

　まず、①犬にぶつけようとして石を投げたら、思いがけず通行人にあたってしまったという場合は、行為者には人に石をぶつけようというつもりはありませんでした。つまり、わざと人に石をぶつけたとはいえないんじゃないか、ということです。

　一方、②窃盗の予備の段階にある者を窃盗の現行犯だと誤信して逮捕する場合は、行為者には、窃盗の現行犯を逮捕するという認識はあって、それは法律上許されるものと信じていたわけですが、ただ、実行の着手の判断を誤ったということです。

　①の場合は、行為者には人に石をぶつけるという犯罪事実（暴行・傷害）の認識がないので、それを思いとどまるという反対動機が形成されず、非難できないのではないかが問題になります（62ページ）。

　②の場合は、行為者には人を逮捕するという事実の認識に欠けることはないのですが、それが法的に許されていないという意識がないことが問題となります。①の場合を事実の錯誤とい

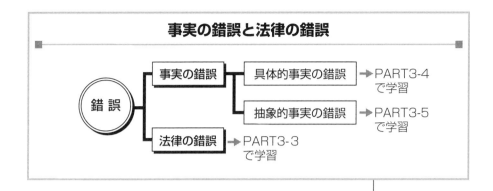

事実の錯誤と法律の錯誤

```
        ┌─ 事実の錯誤 ─┬─ 具体的事実の錯誤 ─→ PART3-4
        │             │                      で学習
  錯 誤 ─┤             └─ 抽象的事実の錯誤 ─→ PART3-5
        │                                    で学習
        └─ 法律の錯誤 ─→ PART3-3
                        で学習
```

い、②の場合を法律の錯誤といいます。

■ 微妙だけど重要な区別

　事実の錯誤があれば、故意そのものがないとされる（阻却される）可能性があります。故意がないとなれば、過失犯とならない限り犯罪不成立です。一方、法律の錯誤があっても、判例によると故意の有無に影響しないので（67ページ）、他に故意を阻却する事由がない限り故意犯として処罰されます。ただし、自らの行為が違法であると認識することが期待できない場合は、行為者に対する非難が困難であるため、責任が阻却されて犯罪不成立となる場合もあります。ですから、両者の区別は重要です。

　重要な区別ですが、実際にはなかなか微妙な区別なのでやっかいです。区別の基準についても学説はいろいろに分かれていますが、その事実の認識があれば反対動機の形成が可能かどうかというのがポイントです。

　先ほどの例でいえば、①の場合は、人に当てるという認識があれば、反対動機が形成されて思いとどまるべきだといえるので、事実の認識に思い違いがある事実の錯誤といえます。一方、②の場合は、事実の認識はあるのですが、ただその行為が許されていると誤信したのですから、法的に許されるかどうかに思い違いがある法律の錯誤といえます。

法律の錯誤

自らの行為について違法性の意識を欠く場合

■ 責任の本質と「違法性の意識」

　責任の本質は、行為者がした行為について非難されるべきものだ、という点にあります。なぜ、非難されるかというと、本来なら適法行為をすることができたのに違法行為に出たからで、違法行為をするのをやめることもできたのにそうしなかった、だから「お前が悪い」と言われるわけです。

　それならば、まず、自分のしようとしている行為が「悪いこと」（法律上許されないこと）であると意識していること（違法性の意識）が必要ではないか、ということになってきます。自分のしようとしている行為が「悪いこと」だと意識できなければ、その行為を「やめよう」と考えることもできません（反対動機が形成されない）。自らの行為が違法であると微塵も思っていないのですから、そもそも適法行為を期待することができません。つまり、違法性の意識があったにもかかわらず、反対動機を形成せず、あるいは反対動機を突破して、違法行為に出たからこそ「お前が悪い」と非難されるのだ、これが責任というわけです。

■ 法律の錯誤とは

　犯罪事実の認識または認容に欠けるところはないのですが、自分の行為が法律上許されないことを知らない、あるいは許されていると誤信した場合を「法律の錯誤」といいます。つまり、錯誤によって違法性の意識を欠く場合です。

　自分のしている行為が悪いことではないと信じたから罪に問

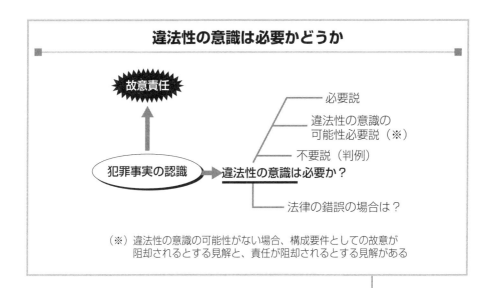

違法性の意識は必要かどうか

故意責任

犯罪事実の認識 → **違法性の意識は必要か？**

- 必要説
- 違法性の意識の
  可能性必要説（※）
- 不要説（判例）

- 法律の錯誤の場合は？

（※）違法性の意識の可能性がない場合、構成要件としての故意が
　　　阻却されるとする見解と、責任が阻却されるとする見解がある

われなくともよい、という弁解をすべて認めていたのでは、犯罪を取り締まるという刑法の目的が達成できなくなります。自分の行為が何かの刑罰法令に触れることを知らなかった（法の不知）という弁解を認めていたのでは、法律の専門家以外は処罰できないことにもなりかねません。刑法38条３項は、このことを定めたものだと考えられています。そこで、判例は一貫して、故意（あるいは責任）があるというためには、違法性の意識は必要ではないという立場に立っています。言い換えれば、法律の錯誤は故意の成否に影響しないというのです。

これに対し、多くの学説は、責任主義を徹底させる趣旨から、故意がある（もしくは責任がある）といえるためには、行為者に少なくとも違法性の意識の可能性があったこと（違法性を意識できるだけの状況にあったこと）は必要だとしています。そして、法律の錯誤の効果としては、違法性の意識を欠いたことにつき相当な理由のある場合は処罰されず、相当な理由のない場合は故意犯として処罰される、というところに落ち着いています。

> **刑法38条３項**
>
> 「法律を知らなかったとしても、そのことによって、罪を犯す意思がなかったとすることはできない。ただし、情状により、その刑を減軽することができる。」と規定している。

> **必要説**
>
> 故意があるといえるためには、行為者に違法性の意識があることが必要だとする見解もある。ただ、必要説は法の不知の弁解を広く認めることにつながるので妥当でないとされる。

具体的事実の錯誤

同一構成要件内の事実に関する錯誤

■ 2種類の事実の錯誤

行為者が認識した事実と実際に生じた事実が食い違うことを事実の錯誤といいます。事実の錯誤には、Xという人を殺そうとして、誤って隣にいたYという人を殺してしまったように、主観と客観のズレが、殺人罪という同じ構成要件の範囲内で生じる場合と、Xという人を殺そうとして、誤ってXが連れていた犬を殺したように、主観と客観のズレが、殺人罪と動物傷害罪という異なる構成要件にまたがる場合があります。前者を具体的事実の錯誤、後者を抽象的事実の錯誤といいます。また、具体的事実の錯誤と抽象的事実の錯誤の両者に共通して、さらに3つに分類することが可能です。

同じ構成要件の範囲内

本文記載の事例では、XもYも「人」であるため、同じ殺人罪の構成要件の範囲内といえる。

・客体の錯誤

具体的事実の錯誤に関する事例で考えてみましょう。たとえば、Xという人を殺そうとして、目の前の人物がXであると思い、ナイフで刺して殺したところ、実際にはXによく似たYという他人であったという場合が考えられます。このように、行為者が行為の客体を取り違えて、意図していた客体とは異なる客体を攻撃した場合を客体の錯誤といいます。

・方法の錯誤

方法の錯誤とは、行為者が行為の客体を取り違えてはいないが、誤って異なる客体に犯罪結果が生じた場合をいいます。具体的事実の錯誤と抽象的事実の錯誤を区別するために提示した冒頭の事例では、行為者は「Xという人」を殺す目的で「Xという人」に攻撃を加えていますが、実際には「Yという人」

具体的事実の錯誤と抽象的事実の錯誤

	客体の錯誤	方法の錯誤	因果関係の錯誤
具体的事実の錯誤	Aだと思って殺したら実はBだった	Aを狙って撃ったらBに当たった	溺死させるつもりが頭を打って死んだ
抽象的事実の錯誤	人だと思って撃ったら実は犬だった	人を狙って撃ったらそばにいた犬に当たった	— （問題にならない）

（具体的事実の錯誤）、または「Xが連れていた犬」という異なる客体に犯罪結果が生じていますので、方法の錯誤に関する事例であるということができます。

・因果関係の錯誤

　因果関係の錯誤とは、行為者が犯罪結果を生じさせた客体に食い違いはありませんが、犯罪結果が生じる過程について、行為者が認識した過程が、実際に生じた過程と異なる場合をいいます。

　たとえば、AがBを殴り殺す目的で、Bに対して頭部に打撃を加えたところ、転倒したBが道に落ちていた石に頭部を強打したために死亡したとしましょう。このとき、AはBを殺そうと考え、正にBを殺害していますが、Aは殴打によってBの死亡という犯罪結果を生じさせる認識でいます。しかし、実際には石に強打したことで死亡しているため、Aが認識していたのとは異なる過程をたどってBが死亡したことが問題になります。

■ 具体的事実の錯誤：とくに方法の錯誤

　行為者の認識と発生した事実とのズレが、どのように故意の成否に影響するのかに関しては、①認識と事実とが具体的に一致している場合にのみ故意を認めるとする具体的符合説と、②

方法の錯誤
方法の錯誤は打撃の錯誤と呼ばれることもある。

因果関係の錯誤
因果関係の錯誤については、基本的には因果関係論の判断に従って結論が検討されることになる。なお、因果関係の錯誤は客体の食い違いがなく、錯誤は同じ構成要件の範囲内にとどまるから、具体的事実の錯誤のみが問題となり、抽象的事実の錯誤は問題にならない。

認識と事実とが構成要件の範囲内で符合していれば故意を認めるとする法定的符合説が対立しています。

① 具体的符合説

行為者が狙った客体（X）ではなく、別の客体（Y）に結果が発生したという事例（方法の錯誤）を基に考えてみましょう。

具体的符合説によれば、Xを殺害する認識とYの死亡の事実は具体的に一致していないので、行為者にはX・Yに対する殺人既遂罪の故意が認められません。よって、Xに対する殺人未遂罪とYに対する過失致死罪の責任を負うことになります（2つの罪は観念的競合となり、行為者は殺人未遂罪の刑に処せられます）。

観念的競合

1個の行為が2個以上の罪名に触れる場合のこと。複数の罪名のうち最も重い刑により処断される（54条1項）。

② 法定的符合説

法定的符合説によれば、およそ人を殺害する認識で、実際に人が死亡しているのだから、人を殺害する故意は行為者の認識どおりに実現していることになって、Yに対する殺人既遂罪が認められます。さらに、Xに対する殺人未遂罪の成立も認めるのが一般的です（後述する数故意犯説から導かれます）。

法定的符合説は判例・通説が取る立場ですが、行為者が認識した事実と発生した事実の構成要件における重なり合いについて、個別具体的な事実の存在を考慮せずに判断する考え方であるということができます。つまり、「人」（X）に対する殺意をもって、実際にも「人」（Y）に犯罪結果が発生しているから、構成要件における重なり合いが認められるということです。このように、抽象的なレベルでの構成要件の重なり合いの有無を検討する立場を抽象的法定的符合説といいます。

これに対して、同じ法定的符合説でありながらも、法益の主体の持つ個別具体性については、構成要件の重なり合いを検討する上でも考慮すべきであるとの見解も主張されています。この立場を具体的法定的符合説といいます。この見解は、構成要件の重なり合いを検討する上で、法益の主体という事実につい

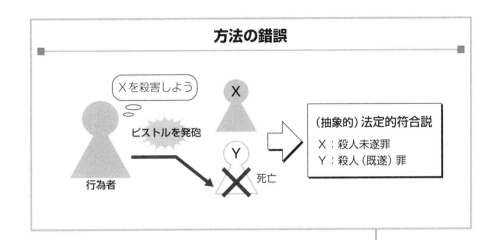

方法の錯誤

Xを殺害しよう

ピストルを発砲

行為者

X

Y 死亡

(抽象的)法定的符合説

X：殺人未遂罪
Y：殺人（既遂）罪

て行為者の認識と発生した事実との間に食い違いが生じた場合は、客観的に犯罪結果が生じた客体に対する故意を認めることはできないとの結論を導きます。

　前述の事例では、行為者がXに対する殺意（故意）をもって実行行為に及び、Yという別の客体に結果を生じさせているため、Yに対する故意は認められず、Xに対する殺人未遂罪とYに対する過失致死罪の成立を認めることになります。

■ 数故意犯説と一故意犯説

　とくに抽象的法定的符合説内で、認められる故意の個数に関して数故意犯説と一故意犯説に立場が分かれています。たとえば、Bを狙って発砲したが、弾丸がそれて隣にいたCにあたり、Cが死亡した事例で考えてみましょう。

　数故意犯説ではB・Cに対する故意犯を認め、Bに対しては殺人未遂、Cに対しては殺人既遂罪が成立します。一方、一故意犯説では結果の発生したCに対してだけ故意犯を認め、結果の発生していないBに対しては不可罰となります。

Bに対する犯罪

一故意犯説の場合、Bにケガの結果が生じれば過失傷害罪、死亡の結果が生じれば過失致死罪が成立する。

抽象的事実の錯誤

構成要件が異なる事実に関する認識の食い違い

動物傷害罪

動物の殺傷行為を処罰する罪のこと。動物は「物」に該当するので、刑法261条（器物損壊罪）が適用される。

抽象的事実の錯誤における2つの類型

客観的事実の錯誤に関しても、具体的事実の錯誤と同様に、主に2種類の類型に分類できる。本文記載の事例は、発砲して命中させる対象を誤っているので、方法の錯誤と呼ばれている。これに対して、離れた場所にいる犬を射殺しようと考えて、鉄砲を発射したところ、命中した後に確認してみたら人を射殺していたような場合は、客体の錯誤となる。

■ 抽象的事実の錯誤とは

たとえば、Ｘは、Ａを狙って発砲したところ、Ａの連れていた飼い犬に当たって、飼い犬が死んでしまったという事例（事例①）を考えてみましょう。このようにＸがＡを殺そうとしたところ（殺人罪の故意）、Ａの連れていた飼い犬を殺してしまった（動物傷害罪）というように、主観と客観のズレが異なる構成要件にまたがる場合を抽象的事実の錯誤といいます。つまり、主観的に犯そうとした犯罪の構成要件と、客観的に犯した犯罪の構成要件が異なる場合をいいます。

また、抽象的事実の錯誤は、その性質上2つのパターンがあります。ひとつは、事例①のように、主観では重い罪を犯す意思があったのに、実際には軽い罪を犯す場合です。もうひとつは、軽い罪を犯す意思で実際には重い罪を犯してしまう場合があります。刑法38条2項は、事例①とは逆に、Ｘが飼い犬を殺そうと思って実際には飼い主Ａを殺してしまった（事例②）というように、軽い罪を犯すつもりで犯罪行為に及んだら、実際には重い罪が生じてしまった場合は、重い犯罪事実で処断できないと定めています。つまり、Ａに対する殺人罪という結論はとれないということです。

もっとも、重い犯罪事実で処断できないと定めるのみで、軽い罪に関して故意犯の成立を認めてよいのかについて、刑法の条文からは明らかでない点に注意が必要です。ましてや、事例①のように主観面が重い犯罪事実で、客観面が軽い罪の場合について刑法は何も定めていないので、解釈で補わなければなり

抽象的事実の錯誤の2つのケース

	主観面(故意)	客観面(行為)	発生結果	結　論
事例①	殺　人　罪	発砲行為	動物傷害罪	法定的符合説 vs.抽象的符合説
事例②	動物傷害罪	発砲行為	殺　人　罪	法定的符合説 vs.抽象的符合説

ません。

■ 法定的符合説の問題点

　抽象的事実の錯誤になると、構成要件が異なるため、具体的符合説の出番はありません。

　また、構成要件の範囲内で主観と客観が一致することを要求する法定的符合説も、構成要件が異なる以上、発生した結果についての故意既遂罪は認められないことになりそうです。事例①の場合は、Aに対する殺人未遂罪が成立します（犬については過失動物傷害罪はないので不可罰です）。事例①とは逆に、飼い犬を殺そうと思って実際にはAを殺してしまった場合は、Aに対する過失致死罪が成立します（犬に対しては動物傷害罪の未遂罪はないので不可罰です）。

　しかし、この結論は何か変な感じがします。つまり、事例①の犬が死んでいる場合が殺人未遂（死刑、無期または5年以上の懲役）なのに、事例②の人が死んでいる場合は過失致死（50万円以下の罰金）というのはバランスがとれないと思われます。また、事例①と犬を狙って犬が死んだ場合の動物傷害罪（3年以下の懲役）を比べてみても、不合理だといえます。

■ 抽象的符合説とは

　そこで登場するのが抽象的符合説です。この見解は、およそ犯罪となる事実を認識して、犯罪となる結果を生じさせた以上、刑法38条2項の範囲内で、故意既遂犯の成立を認めようとする見解です。抽象的符合説にもいくつか立場がありますが、代表的な立場によれば、事例①の場合は、Aに対する殺人未遂罪と犬に対する動物傷害罪（既遂犯）が成立し、事例①とは逆に、飼い主を殺してしまった事例②の場合は、犬に対する動物傷害罪（既遂犯）とAに対する過失致死罪が成立すると考えます。

　法定的符合説の結論よりは、多少刑のバランスが回復したように見えますが、それでもなお判例・通説は法定的符合説を採用しています。抽象的符合説では、故意犯が行為者の故意内容とは関係なく、生じた結果に対応して認められてしまう点が不都合だからでしょう。

■ 抽象的事実の錯誤における法定的符合説

　法定的符合説を採用して抽象的事実の錯誤を検討する際は、構成要件が異なる犯罪同士の符合を検討しなければなりませんので、何をもって符合しているのかという点が重要になります。

　主に判例においては、構成要件同士に「重なり合い」が認められる場合に、その範囲内で故意が認められると判断しているということができます。もっとも、構成要件同士の「重なり合い」が認められる範囲は、そこまで広範囲のものではありません。たとえば、主観としては公文書無形偽造罪を犯すつもりで、実際には公文書有形偽造罪を犯した場合など「保護法益」が同様の場合や、構成要件として規定されている「行為類型」が同様の場合などにおいて、構成要件の中での実質的な「重なり合い」（実質的符合）が肯定されるものと考えられます。判例・通説の基本的な考え方をまとめると、以下のようになります。

①　行為者の主観として認識した事実に関する犯罪の構成要件

構成要件の実質的な重なり合い

軽い罪の故意がある場合	重い罪の故意がある場合

⇒ 軽い罪の故意犯が認められる
（∵ 重い罪と重なり合いがある）

⇒ 軽い罪の故意犯が認められる
（∵ 軽い罪が完全に含まれている）

と、客観的に発生した犯罪に関する構成要件とが、規定されている法定刑が同一の場合には、客観的に発生した犯罪に関する故意犯の成立が肯定されます。

② 行為者が主観として認識した事実に関する犯罪の構成要件と、客観的に発生した犯罪に関する構成要件とが、規定されている法定刑が同一ではなく完全な重なり合いを認めることはできないが、軽い罪の範囲内で重なり合いを認めることができる場合には、軽い罪の故意犯が成立します。

たとえば、行為者が軽い罪を認識していた場合において、発生した重い罪との実質的な重なり合いが認められるときは、重い罪の構成要件に軽い罪が含まれていると考えられるため、軽い罪の範囲内で故意犯が成立すると認められてよいと考えます。

もっとも、構成要件の実質的符合においては、保護法益または行為類型が共通していることが前提となるため、事例①・事例②のように、人の死と犬の死という保護法益や行為類型が異なる場合は、構成要件の実質的符合を肯定することは困難です。

判例も実質的符合を認めていない
判例においても殺人罪と動物傷害罪の重なり合いが肯定された例はない。

過失

‥‥‥‥‥‥‥‥‥‥‥‥‥‥‥‥‥‥‥‥‥‥‥‥‥‥

犯罪事実や犯罪結果を認識する注意義務を怠ること

■ 過失とは何か

　たとえばわき見運転のように、故意でなく不注意によって法益を侵害した場合に成立する犯罪を過失犯といいます。

　刑法は、故意処罰を原則とし、過失犯は特別に規定のある場合に限り処罰するとしています（38条1項）。たとえば、過失傷害罪（209条）、過失致死罪（210条）が挙げられます。そして、現行の過失犯はすべて結果犯です。

■ 過失をどのように理解するか

　過失の理解をめぐって学説の対立が見られました。まず、過失は故意と同じように非難に値する心理状態であって、とくに責任要素としてとらえる見解を旧過失論と呼びます。旧過失論によると、構成要件に該当する犯罪事実について、行為者が認識・予見することが可能であったのに、内心の不注意によってその犯罪結果が発生した場合に、過失犯の成立が肯定されることになります。そのため、過失における注意義務は結果予見義務であるとします。

　しかし、旧過失論に対しては、人々の生活を便利にする反面、事故などによって人の生命・身体に危険を及ぼすおそれが常に内在している行為（自動車運転など）について、不注意で他人を死傷させた場合に、常に過失犯の成立を肯定してしまい、処罰範囲が広がりすぎるため、人々の行動範囲を制約するおそれがあるのではないか、との批判が加えられました。

　そこで、客観的な行為基準を立てて、内心の不注意が一般的

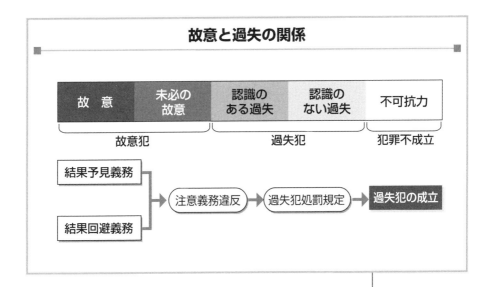

故意と過失の関係

故　意	未必の故意	認識のある過失	認識のない過失	不可抗力

故意犯	過失犯	犯罪不成立

結果予見義務 ┐
　　　　　　├→ 注意義務違反 → 過失犯処罰規定 → **過失犯の成立**
結果回避義務 ┘

な行動基準から逸脱した場合に過失犯が成立する、という形で過失犯の成立範囲を限定する見解が主張されました。この見解を新過失論といいます。新過失論によると、旧過失論のように構成要件該当事実の認識・予見の可能性が認められるか、さらに客観的な行為基準から逸脱しているか、という２つの要素に照らして過失犯成立の有無が検討されます。そのため、過失における注意義務は結果回避義務を重視します。

　実務上は、過失を「不注意＝注意義務違反」としてとらえています。そして、注意義務違反とは、結果の発生を予見できた（予見可能性）、さらにその予見に基づいて結果の発生を回避できた（回避可能性）のに、意識の集中を欠いたため結果の予見や回避ができず、結果が発生したこととされています。過失の注意義務は結果予見義務と結果回避義務の２つからなるといえます。

　なお、一般の過失の他に業務上過失もあります。たとえば、業務上失火罪（117条の２）における火気の安全に注意するべき地位などが挙げられ、一般の過失より重い刑罰が科されます。

新新過失論

新過失論を延長して、予見可能性ではなく、何らかの犯罪結果発生の危惧感が感じられる場合に、その危惧感を払拭する行為を採らないことを過失ととらえる見解が主張されており、これを新新過失論または危惧感説と呼んでいる。

業務上失火罪

業務上必要な注意を怠り、又は重大な過失により、失火を生じさせた場合に成立する犯罪である。

■ 過失犯の構造

過失犯の成立を検討する上で、前述のように「過失」という主観的な概念に関する解釈がもっとも重要です。それ以外については、おおむね故意犯と同様の構造により、過失犯の成立の有無を判断していくことになります。以下で詳しく見ていきましょう。

① 構成要件該当性・違法性

過失犯も故意犯と同様、法益侵害結果と実行行為性、さらに因果関係が必要です。過失犯の実行行為は注意義務に違反する行為で、法益侵害結果が発生する実質的危険性のある行為となります。

たとえば、スピード違反をして運転中に、前方不注意で人を轢いて死に至らしめた場合には、過失犯の実行行為として、形式的にはスピードの出しすぎ、前方不注意という複数の注意義務違反が考えられますが、考えられる危険な行為の中から、主要な実質的危険性をもった行為を認定すべきでしょう。

② 責任

過失犯の成立には、行為者に結果の予見可能性や回避可能性が必要です。予見可能性や回避可能性の有無は、行為者個人が認識した事情を基礎として、一般人を基準に判断されなければなりません。純粋に行為者を基準に判定すれば、常に過失責任を否定することになってしまうからです。たとえば、知らない間に自動車の荷台に乗り込んでいた人が、自動車の運転ミスによって死に至った事例において、行為者の主観からすれば、知らない間に人が乗り込んでいることは予見可能性がないといえ、過失犯の成立が否定されるように思われます。しかし、一般人を基準に判断すると、人の死傷を伴う事故を引き起こすかもしれないという認識を持ち得たとして、予見可能性が肯定されるでしょう。

さらに、具体的結果を予見できることが必要ですが、日時や

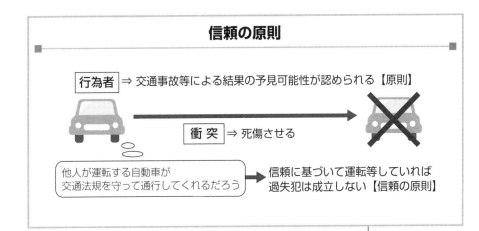

信頼の原則

行為者 ⇒ 交通事故等による結果の予見可能性が認められる【原則】

衝突 ⇒ 死傷させる

他人が運転する自動車が
交通法規を守って通行してくれるだろう

信頼に基づいて運転等していれば
過失犯は成立しない【信頼の原則】

人数などの細部にわたる予見までは必要ありません。

■ 信頼の原則

　過失犯の処罰範囲を限定する理論として、判例も依拠している信頼の原則という考え方があります。信頼の原則とは、第三者（とくに被害者が想定されます）が不適切な行動をとらないと信頼することがもっともな場合には、第三者が信頼を裏切る行為を行ったことにより、行為者が犯罪結果を発生させたとしても、過失犯の成立が否定されるという考え方です。

　たとえば、自動車運転において、運転者は、一般に他のドライバーも交通法規を守って、交通事故を回避する行動をとることを期待することがもっともだといえます。そのため、被害者が交通法規を破ったために、行為者が運転する自動車と接触し、被害者が死傷したとしても、行為者は過失犯の成立が否定されることになります。

　ただ、自動車対人（とくに高齢者や幼児等の場合）などの交通事故の場合には、予測不能な行動に出ることが予測できる場合も少なくないため、信頼の原則の適用は慎重でなければならないと指摘されています。

許された危険

信頼の原則の他にも、過失犯の成立を限定しようという考え方に、「許された危険」の理論が挙げられる。つまり、犯罪結果をもたらすような危険な行為ではあるが、その危険性を上回る利便性等が認められる行為について、許容される（過失犯の成立が否定される）とする考え方である。

Column

違法性の意識に関する学説

　違法性の意識（66ページ）については、その有無（またはその可能性の有無）が故意を認める上で必要か否かが争われています。

　まず、違法性の意識がなければ故意を認めることはできないという考え方があります（違法性の意識必要説・厳格故意説）。もっとも、違法性の意識を要求してしまうと、たとえば、常習賭博罪（186条1項）における「常習者」は、その他の人に比べて違法性の意識が薄らいでいるといえるにもかかわらず、単純賭博罪（185条）よりも重く処罰されていることの説明が困難になる、と指摘されています。

　そこで、違法性の意識は不要ですが、違法性の意識の可能性が必要であるとする考え方が主張されています（違法性の意識の可能性必要説）。この考え方は、違法性の意識の可能性を欠く場合に、故意が否定されると考える立場（制限故意説）と、責任が阻却されると考える立場（責任説）に分かれます。制限故意説では、違法性の意識の可能性が認められない場合は、故意を欠くことになりますので、過失犯が成立する余地が残ります。しかし、責任説では、違法性の意識の可能性が認められない場合は、責任が阻却（否定）されて犯罪不成立となるため、過失犯が成立する余地もなくなります。責任能力や期待可能性などと同じように、違法性の意識の可能性を責任要素である（56ページ）ととらえるのが責任説です。そして、違法性の意識の可能性必要説によれば、常習者でも違法性の意識をもつ可能性があるので、故意（または責任）があるとの妥当な判断をすることができます。

　なお、判例は、故意（または責任）があるというためには、違法性の意識もその可能性も不要であるという考え方をとっていると言われています（違法性の意識不要説）。つまり、犯罪事実の認識さえあれば、故意の成立を肯定するということです。

PART 4

刑法総論③
【共犯・罪数・刑罰論】

共犯学説①

刑法は共犯について３つの類型を規定している

■ 共犯って何？

　これまでは主に１人の行為を前提にした議論でしたが、ここからは行為者が複数の場合を扱います。２人以上の者が共同して犯罪を行うことを広く共犯といいます。刑法は、２人以上が共同して犯罪を実行する共同正犯（60条）、人を教唆して犯罪を実行させる教唆犯（61条）、正犯を幇助する従犯（62条）について規定を置いています。教唆犯と従犯を狭義の共犯といいます。狭義の共犯は、刑法等により処罰することが規定されている場合にのみ処罰の対象になります。

　共同正犯は、２人以上の者が共同して犯罪を実行することにより、当該犯罪に関与した者がすべて正犯として扱われることになります。構成要件に該当する事実について、複数人が分担して行った場合が典型例として挙げられますが、個人の単位では、構成要件に該当する事実の一部しか行っていないため、正犯として処罰されることがない場合であっても、共同正犯であると認められた場合には、正犯としての処罰が科されることになるという特徴があります。

　教唆犯は、たとえばAがBに対して、Cを殺すようにそそのかして、実際にBがCを殺したという事例において、Bが殺人罪を犯すようにそそのかしたAに対して成立する犯罪です。教唆犯はBのような正犯が存在することが前提になりますが、いわば犯罪のきっかけともいえる提案者としての役割を担っているので、処罰対象になります（正犯の刑が科されます）。

　そして、従犯（幇助犯）とは、正犯が犯罪を行う上で、容易

共犯の実行従属性

★共犯は独立して処罰されるのか

共犯独立性説：独立して処罰され得る
共犯従属性説：正犯者に伴って処罰され得る

↓

従属性の意味とは？　「共犯を処罰するには、少なくとも正犯者が実行行為を行うことが必要だ」　→　実行従属性

になるように援助などを行う者に対して、正犯の刑を減軽して処罰する類型の共犯です。

■ 共犯の従属性と独立性

　狭義の共犯については、正犯者の行為が犯罪成立要件のうちどの段階まで満たしていれば、共犯としての責任が問われるのかという問題があります。

① 共犯従属性説と共犯独立性説

　この問題の前提として共犯の本質に関する議論があります。つまり、共犯がなぜ処罰されるのかという点に関して、正犯とは独立の犯罪として処罰されるとする見解（共犯独立性説）と、共犯が処罰されるのは正犯の存在が前提になっているからだとする見解（共犯従属性説）の対立があります。この対立の基礎にある考え方は、共犯を正犯とは別個独立の犯罪と考えるのか、または正犯が処罰される段階にまで犯罪行為を進めた場合に、それに伴って処罰される程度の結びつきが必要であると考えるのか、という立場の違いに由来しています。

　現在では、共犯は正犯行為を前提として犯罪性が生ずる（正犯に従属する）と考える共犯従属性説が通説となっています。

「正犯」と「共犯」

一般には、実行行為を行った者を「正犯」、それ以外の関与者を「共犯」として区別しているが、実際にはその区別は必ずしも容易ではない。「見張り」であっても正犯とされることもある。また、正犯には、主観的に「正犯者としての故意」も必要である。

また、従属性の有無の問題は、共犯が成立する場合には、正犯と同一の罪名でしか処罰されないのか、または正犯とは別の罪名で処罰されることもあるのかという問題が関連してきます。教唆犯の部分で挙げた事例で、AがBに対してCの殺害をそそのかしたが、実際にBが何もしなかった場合、共犯独立性説からは教唆犯が成立する余地がありますが、共犯従属性説からは教唆犯の成立を認めることは困難です。

　なお、共犯の罪名に関する問題において、正犯と同一の罪名であるときにのみ共犯が処罰されるという考え方を犯罪共同説といいます。これに対し、共犯者は正犯者と単に犯罪行為を共同しているだけなので、別個の罪名の犯罪が成立するという考え方を行為共同説といいます。犯罪共同説と行為共同説の対立は、前述した共犯独立性説と共犯従属性説の対立と同様の構造をしており、表裏の関係にあるということができます。

② 従属性の意味（要素従属性）

　共犯は正犯に従属する（共犯従属性説）といっても、その意味には注意が必要です。まず、「共犯を処罰するには、少なくとも正犯者が実行行為を行うことが必要だ」という意味での従属性を実行従属性といいます。

　また、「共犯が成立するためには正犯者がどこまで犯罪を完成する必要があるのか」という意味での従属性を要素従属性といいます。犯罪の成立要件のうち、どこまでの要件を正犯が備えていることが必要かという問題です。

　たとえば、13歳の少年を教唆して窃盗をさせた場合、正犯である少年は刑事未成年ですから責任が阻却され犯罪は成立しません（41条）。しかし、それでも人を教唆して「犯罪を」実行させたといえるのでしょうか。いえないとしたら、教唆者は共犯として処罰できないのでしょうか、それとも何か別の理由で処罰されるのでしょうか。

　この点は、正犯者の行為が構成要件に該当し、違法かつ有責

要素従属性に関する学説のまとめ

学　説	構成要件	違法性	責　任	処罰条件
誇張従属性説	◎	◎	◎	◎
極端従属性説	◎	◎	◎	
制限従属性説	◎	◎		
最小従属性説	◎			

な行為である必要があるとともに、各種処罰条件まで備えていなければならないと考える誇張従属性説や、反対に、正犯者の行為が構成要件に該当しさえすれば、共犯者が処罰され得ると考える最小限従属性説という見解も主張されていました。しかし、いずれも共犯が処罰される範囲が極端すぎるため支持がほとんどありません。現在では、正犯は「構成要件に該当し違法であればよい」とする制限従属性説と、正犯が「構成要件に該当し違法で有責であることが必要だ」とする極端従属性説が有力です。

極端従属性説は、正犯者が構成要件に該当し、違法かつ有責な行為をした場合に、共犯者が処罰され得ると考えます。つまり、正犯者について一応犯罪行為が成立する段階を待って、共犯者が処罰され得るという立場です。

これに対し、制限従属性説とは、正犯者の行為が責任を欠いていても、構成要件に該当し違法性を備えていれば、共犯者も処罰され得るという見解です。責任は行為者ごとに個別に判断されるべき要素であるため、制限従属性説が支持されていますが、間接正犯の成立範囲ともからむ難しい問題です（上図参照）。

極端従属性説と制限従属性説

正犯者に責任まで要求する極端従属性説は、責任の有無は個別的事情に基づいて判断する必要がある以上、適切ではなく、制限従属性説が有力化している。しかし、制限従属性説もまた万能ではない。たとえば、正犯者に正当防衛等の違法性阻却事由が認められるとき、共犯者と違法を連帯しているといえるのか問題になるためである。

共犯学説②

正犯とともに犯罪行為を引き起こしたために共犯は処罰される

共同正犯か教唆か

共犯においては、教唆
にとどまるのか、共同
正犯として処罰される
のかの判断は、実際に
は大変難しい。もっと
も、実務では、共犯は
圧倒的に共同正犯とし
て処罰される方が多い
といえる。

■ 共犯の処罰根拠

共犯はなぜ処罰されるのかという共犯の処罰根拠は、共犯を
めぐる重要かつ基礎的な理論的問題として位置付けられています。

前述のように（82ページ）、共犯には共同正犯、教唆犯、幇
助犯という３つの類型が存在していることが、共犯の処罰根拠
を考える上では重要性をもってきます。なぜなら、教唆犯・幇
助犯とは異なり、共同正犯は「正犯」と記載される通り、正犯
の存在を前提にしていないという点で、他の共犯類型とは異な
る構造をもっていることに注意が必要であるためです。

単独犯を想定して規定されている各犯罪の構成要件を修正・
拡張した犯罪類型が共犯であると言われますが、前述のように
共同正犯と教唆犯・幇助犯には構造の違いがあるため、なぜ刑
法が共犯を処罰対象としているのかという問いを、共犯の３類
型に共通する問題として扱ってよいのか疑問が残るとも思われ
ます。

しかし、共同正犯も他の正犯とは異なる性質を持ち、共同正
犯自体が修正・拡張された正犯の形態であることから、共同正
犯が正犯であることを強調せず、他の共犯類型と同様に、共犯
として処罰根拠を検討することに意義があると考えられています。

共犯の処罰根拠に関しては、共犯の従属性と独立性の議論に
対応して、因果的共犯論と責任共犯論が対立しています。

① 責任共犯論

責任共犯論は、共犯者が教唆や幇助をすることで、正犯者を
堕落させ有責な犯罪状態に陥れた点に共犯の処罰根拠を求めま

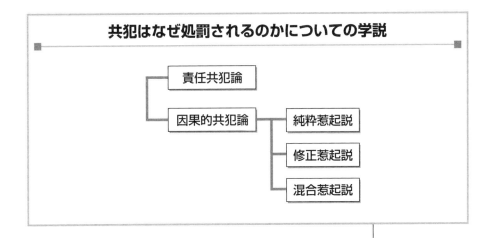

共犯はなぜ処罰されるのかについての学説

- 責任共犯論
- 因果的共犯論
  - 純粋惹起説
  - 修正惹起説
  - 混合惹起説

す。つまり「正犯者に働きかけること」が悪いという発想で、正犯者を犯罪者として作り出したことに処罰の根拠を求めることになります。なお、共犯の要素従属性に関する理論との関係について、責任共犯論に立つと、正犯者は共犯者の共同行為によって、違法かつ有責な状態に仕立て上げられているわけですから、当然に、正犯は構成要件に該当し違法かつ有責な状態に陥った時点で、共犯は処罰され得ることになります。

要素従属性

84ページ参照。

　責任共犯論に対しては、本来、犯罪の成立の有無を検討するにあたり、責任は個別に判断されるべき要素であるとされていることに合致しないとの批判が加えられています。

② 因果的共犯論

　因果的共犯論（惹起説）は、正犯が実現した犯罪結果を共犯者がともに惹起した（引き起こした）点に処罰根拠を求めます。因果的共犯論によると、犯罪行為による法益侵害の態様に応じて、直接的に法益侵害を行う場合を正犯ととらえ、共同正犯は直接的に共同して法益侵害結果を惹起する態様であると考えます。これに対して、正犯行為を介在させて、間接的に法益侵害結果を惹起する態様を教唆犯・幇助犯であるととらえます。

　このように、法益侵害の態様が直接的か間接的かによって、

共同正犯と教唆犯・幇助犯とを区別することができます。

■ 因果的共犯論に関するさまざまな見解

　前述のように因果的共犯論は法益侵害の態様に応じて共犯をとらえる見解ですが、正犯の実行行為をいかに評価するのかという点によって、正犯の実行行為を重視する（共犯の従属性を重視する）修正惹起説・混合惹起説と、正犯の実行行為を軽視する（共犯の独立性を重視する）純粋惹起説に分かれています。

　まず「修正惹起説」では、共犯は正犯に実行行為を行わせて法益侵害結果を惹起することに関与するものだ、という前提が重視されます。とくに教唆犯や幇助犯において典型的ですが、正犯の行為を一次的責任であると考えるならば、正犯を介在する共犯は二次的責任であると考えます。そのため、共犯の処罰が可能になるのは、少なくとも違法な行為を正犯にさせたといえる程度、つまり正犯の行為が構成要件に該当し違法性を備えた後である（制限従属説）という結論が導かれます。

　この修正惹起説と同様に、正犯の実行行為を重視し、共犯が正犯行為を介して法益侵害に影響を与えているという二次的な性格を持つととらえつつも、共犯固有の犯罪性も考慮する見解が「混合惹起説」です。混合惹起説においては、正犯と連帯して共犯が処罰されるためには、違法を連帯しているといえる状態が必要であり、正犯の行為が構成要件に該当し違法性を備えることによって、共犯としての構成要件該当性を肯定できると考えます（共犯の要素従属性に関する制限従属説）。

　これに対して、共犯の処罰根拠である因果共犯論を、そのまま共犯が処罰される条件について適用して、共犯行為自体が結果を惹起したことを重視する見解が「純粋惹起説」です。つまり、法益侵害結果が発生したことを共犯の目線に立って評価すると、正犯の行為を介在させて法益侵害結果を惹起させたといい得るかどうかが何より重要であると考え、そこに介在する正

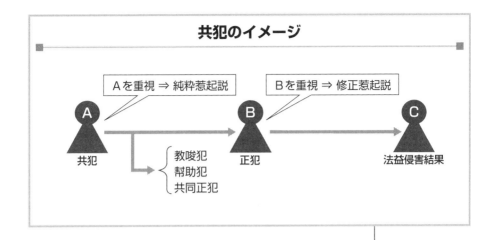

共犯のイメージ

A を重視 ⇒ 純粋惹起説　　B を重視 ⇒ 修正惹起説

A　　　　　　　　　　B　　　　　　　　　　C

共犯　　　　　　　　　正犯　　　　　　法益侵害結果

教唆犯
幇助犯
共同正犯

犯の行為は構成要件に該当することも必要ないと考える見解で
す。純粋惹起説は共犯独立性説（83ページ）との親和性が強い
といえます。

■ 共犯のビリヤード

　ビリヤードの例で共犯を見てみましょう。Aを共犯、Bを正
犯、Cを法益侵害結果とすると、「AがBに当たり、BがCに
当たった」という場面では、Cに直接当たったBが正犯ですが、
AはBを通してCに当たっているので、Bの他にAも処罰が必
要です。これが共犯を処罰する根拠です。AがBに当たっても
BがCに当たらなければAは許してやろうというのが共犯従属
性説、Bに当たっただけでもAは十分悪いと考えるのが共犯独
立性説です。そして、Aの玉とBの玉への評価の違いが、責任
共犯論や因果的共犯論というところでしょう。

　ところで、AのBへの玉の当たり方もいろいろあります。当
たり方が強ければ教唆、そうでもなければ幇助ということに、
ひとまずしておきましょう。そして、AがBに当たる上に自分
もCに当たれば共同正犯、あるいはAもBも一体となってCに
当たったときも共同正犯、というように考えます。

**修正惹起説と
純粋惹起説**

修正惹起説と純粋惹起
説の違いはわかりにく
いので、本文記載のビ
リヤードに例えて考え
るとイメージが容易で
ある。A・B・C、3
個の玉をそれぞれ、A
を共犯、Bを正犯、C
を法益侵害の結果であ
るとする。AがBに当
たり、BがCに当たっ
たという場面で、修正
惹起説は、直接Cに当
たったBを重視し、純
粋惹起説は、Bに当
たったAを重視すると
いうイメージでとらえ
るとよい。

間接正犯

他人を道具のように利用して犯罪を行った者は処罰され得る

■ 間接正犯と従属性説

間接正犯とは、法益侵害結果を引き起した他人の行為が間に介入しているにもかかわらず、行為者自身が犯罪結果を引き起したといい得る場合をいいます。

間接正犯の理論は、教唆犯が成立しないときにできる処罰のすき間を埋めるために考え出されたもので、その成立範囲は要素従属性の学説によって決定されてきました。たとえば、Xが13歳の少年Yを教唆して窃盗をさせる場合に、極端従属性説によれば、正犯であるYには犯罪は成立しませんから、Xは教唆犯とはいえなくなります。しかし、Xを処罰しないわけにはいかないでしょう。そこで、考え出されたのが間接正犯の理論でした。つまり、Xを「他人（Y）を利用した正犯」として、直接、正犯として処罰するということです。

間接正犯として処罰することができる論拠として、よく用いられるのが、道具理論と呼ばれる考え方です。自分自身が犯罪を実現するために他人の行為を道具として利用したということができるか否かという点を重視します。つまり、上記の事例で、殺人を行うのにピストルを道具とするように、XはYを自己の道具として利用して犯罪を実行した（道具理論）、つまりXは共犯（教唆犯）ではなく正犯だ、というわけです。

しかし、形式的に「間接正犯＝教唆で処罰できない範囲」とするには問題がありますし、道具理論のいうように、意思のある人間が本当に道具といえるのか、という問題もあります。

そこで、他人の行為を利用する者が、その他人の行為を支配

極端従属性説

極端従属性説は正犯が構成要件に該当し違法で有責であることを必要とする（85ページ）。本文記載の事例では、正犯が刑事未成年者（41条）で有責性が失われるため、共犯が成立しないことになる。

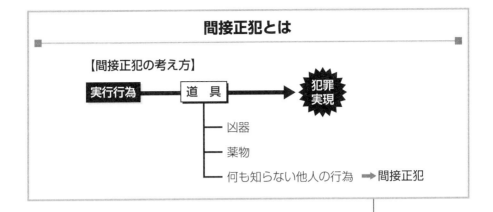

間接正犯とは

【間接正犯の考え方】

実行行為 → 道具 → 犯罪実現

道具
- 凶器
- 薬物
- 何も知らない他人の行為 → 間接正犯

していたといえる場合に、間接正犯の成立を認めると考える見解が有力となっています（行為支配説）。しかし、どのような場合に、他人の行為を支配しているといえるのか否かを判断するためには、利用者自身の実行行為といえる程度に他人の行為を通して犯罪行為を実現しているといえるか否か、という点を判断せざるを得ません。結局のところ、間接正犯も「正犯」である限り、利用者の行為に実行行為性があるかということが問題になるのです。利用者が自ら実行行為を行ったと評価できる場合に間接正犯が認められるのです。

　なお、間接正犯によっては実現できない犯罪行為があることにも注意が必要です。たとえば、道路交通法に規定されている無免許運転罪などが挙げられます。これらの犯罪は、行為者自身以外では行うことができず、利用者が他人の行為を利用して、実現することが不可能な犯罪類型だといえます。このような犯罪類型を自手犯と呼んでいます。

■ 被利用者の態様

　正犯にどの犯罪成立要件が欠けるかによって、間接正犯が成立するかどうか問題となる場合があります。いくつか例を挙げてみましょう。

故意のない者の
行為の利用

実現する犯罪行為から
生じる結果について、
媒介した行為を行った
者は認識していないた
め、利用者にとっては、
その意のままに動かす
ことができる道具とし
て利用可能な状態で
あったといえる。その
ため、他人の行為を利
用して、背後にいる利
用者自身が犯罪行為を
行ったのと同視するこ
とが容易である。

① 故意のない者の行為の利用

　たとえば、医師Aが患者であるCを殺害するために、その事情を知らない看護師Bに注射を指示して、外見からは毒物とはわからない薬剤の注射を手渡しておき、看護師BがCに対して毒物を注射したことにより、Cが死亡したとしましょう。

　Cが死亡する原因となった毒物の注射行為自体は、看護師Bが行っていますが、看護師Bには故意が存在していません。故意のない看護師Bの行為を利用した医師Aについて、殺人罪の罪を問うことはできるのでしょうか。犯罪結果について故意がない人の行為を媒介させて、ある犯罪行為を行った人がいる場合、媒介した行為を行った人を、正に「道具のように」利用して、自分の犯罪行為を実現したということができます。したがって、道具理論になじみやすい行為類型といえ、医師Aには殺人罪の間接正犯の成立が認められると考えられます。

② 責任無能力者の利用

　まず前提として、意思能力を欠いている人の行為を利用して、犯罪行為を実現した場合には、利用者が意のままに意思無能力者を支配する（道具として利用する）ことが可能であるため、利用者に対して間接正犯の成立を肯定することができます。また、心神喪失者の行為を利用する場合も、意思能力を欠く者の行為を利用する場合と同様に、間接正犯が成立すると考えることが可能です。

　これに対して、責任無能力者を利用する場合は、極端従属性説からは間接正犯とされますが、意思の抑圧といった事情がない限り、物事の弁識能力がある刑事未成年者について「13歳の少年に窃盗をそそのかす」ような行為を、利用者自身の窃盗の実行行為とするには難しいでしょう。なお、正犯は構成要件に該当し、違法であればよいとする制限従属性説によれば、この場合は教唆犯（または共同正犯）となります。

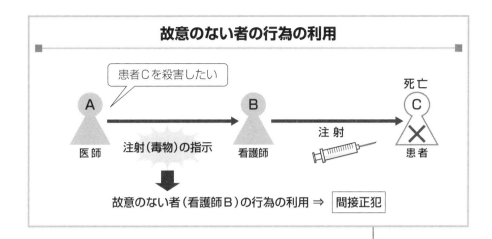

③ 身分なき故意ある道具

　故意ある道具とは、犯罪の実現に利用される者が、犯罪結果が発生することについて認識がある場合をいいます。判例は間接正犯が成立する余地を認めています。

　ここで検討したいのは、犯罪結果発生の認識を持ちながらも、利用される者（被利用者）が、刑罰法規に規定されている身分を持たない「身分なき故意ある道具」のケースです。たとえば、収賄罪は行為の主体を公務員に限定しています。そこで、公務員Aが事情を知る家族Bに賄賂を受け取らせる場合を、身分なき故意ある道具といいます。ただ、AとBがお互いに協力しており、BをAの単なる道具とは評価できない場合は、ABを共同正犯とすべきと考えられます。

　もっとも、利用者が一方的に故意のある者の行為を支配することが可能な状況で、その被利用者を利用して犯罪行為を実現する場合があるため、利用者について間接正犯の成立を認めるべきであると考え、前述した事例のAを間接正犯、Bを幇助犯とするのが通説です。しかし、犯罪行為について認識が十分ある者は、もはや単なる道具と評価することは難しく、間接正犯の成立を認めることが困難であるとの批判があります。

身分なき故意ある道具

身分なき故意ある道具については、利用される者自身が犯罪行為を自らの意思で行い、実際に犯罪結果が発生しているので、間接正犯の成立を認めることは困難だと考えられる。もっとも、本文記載のように判例は身分なき故意ある道具に関する事例であっても、実質的に利用者が実行行為の主体であると評価できる場合には、間接正犯の成立を肯定している。

共同正犯

実行行為を一部でも担当すると共同正犯とされ得る

■ 一部実行の全部責任：共同正犯

「2人以上共同して犯罪を実行した」場合を共同正犯といいます（60条）。共同正犯となれば、たとえ実行行為の一部しか行わなかったとしても、生じた結果全部について責任を問われることになります。これを一部実行全部責任の原則といいます。

仮に2人以上の者がある犯罪行為を実現した場合であっても、意思の連絡がない場合には、これを同時犯といいます。これに対して、共同正犯は、お互いに意思の連絡を行い共同して犯罪行為を実現した場合を指すため、物理的に共同するとともに、共犯者相互に心理的影響を及ぼし合い、処罰すべき違法性と有責性が増大すると考えられるのです。したがって、役割分担が行われ、各行為者について、構成要件に該当するすべての要素を満たしていなかったとしても、犯罪の成立が妨げられることはなく、関与した者全員が、実現した犯罪についての刑罰が科されることになります。

■ 共同正犯の成立要件

共同正犯が成立するためには、共同して犯罪行為を行う意思を持ち（意思の連絡）、各自が共同して実行行為をすること（実行行為の分担）が必要です。詳しく見ていきましょう。

① 実行行為の分担（共同実行の事実）

2人以上の者が共同して実行行為を行うことを指します。共同正犯は複数の者が共同して犯罪行為に関与するため、犯罪の実現性が高い行為類型であるにもかかわらず、個別の関与者に

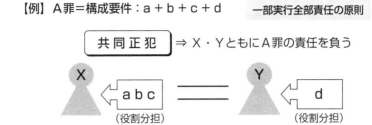

一部実行全部責任の原則

【例】A罪＝構成要件：a＋b＋c＋d　　一部実行全部責任の原則

共同正犯 ⇒ X・YともにA罪の責任を負う

X ← a b c （役割分担）　　Y ← d （役割分担）

関しては、構成要件該当性を肯定することが困難であるという不都合があるためです。つまり、関与者の各自がすべての行為をするのではなく、分担行為を担うことで、共同正犯として処罰の対象に含められることに意義があるのです。

もっとも、必ずしも各行為者が実行行為のすべてを一緒に行う必要はありません。各行為者がそれぞれ実行行為の一部を分担すれば足ります。たとえば、見張り行為に関しても、幇助犯との区別が論じられることもありますが、見張りに幇助を超える役割の重要性があった場合は、共同正犯の成立が肯定されるでしょう。

② 意思の連絡（共同実行の意思）

共同正犯は、実行行為を共同して行わなければなりませんが、より核心的な要素が相互の意思の連絡です。単独の正犯と共同正犯との大きな違いは、2人以上の者が心理的に助け合い、犯罪実現の可能性を高めている点にあるからです。

そして、いかなる部分について意思の連絡が行われている必要があるのかが問題になりますが、共同正犯は一部実行全部責任の原則が妥当するため、構成要件の重要な部分について意思の連絡があって、犯罪行為に関する意思の統一が図られている

謀議にのみ参加した者

犯罪の計画段階での話し合い（謀議）のみに参加した等の場合には、基本的には実行行為の一部を負担したとはいえず、共同正犯の成立を認めることはできないといえる。
しかし、このような場合に共同正犯の成立を認めないことが、不都合になる場合もあり、この不都合を克服するための理論が、共謀共同正犯の理論である。

黙示の意思の連絡

意思の連絡は、必ずしも言葉に出して明示的に協力を約束しあう必要はない。その場における他の行為者の動作などから、相互にその意思を察知し暗黙のうちに協力しあう意思があれば足りる。

必要があるということができます。

■ 共謀共同正犯とは

判例は、２人以上の者が一定の犯罪を犯すことを共謀し、この共謀に基づいて共謀者の一部がその犯罪の実行行為をしたときには、実行行為を分担しなかった者をも含めて共謀者全員に共同正犯が成立するとしています。これを共謀共同正犯といいます。つまり、実行行為は分担していないにもかかわらず、犯罪行為の共謀には参加していた者を共同正犯として処罰の対象に採りこもうとするための理論です。共同正犯の成立要件のうち、実行行為の分担（共同実行の事実）の要件を緩めたものといえます。共謀共同正犯の成立要件について見ていきましょう。

■ 共謀共同正犯の要件

当然の前提ともいえますが、共謀共同正犯が認められるためには、共謀に参加した者のうちの、いずれかの人が実際に実行行為をしなければなりません。

そして、共謀共同正犯において最も重要なのが共謀（犯罪共同遂行の合意）の存在です。犯罪行為の共謀段階にのみ参加した者が、実行行為を分担していないにもかかわらず、処罰の対象に含まれることになるため、共謀段階ではその者が主導的地位に立っている場合がほとんどです。ただ、必ずしも共謀者間に上下関係が存在していることは必要不可欠の要件ではなく、他の共謀者の実行行為を利用して自らの犯罪を実現したといい得るか否かが、共謀の有無の判断基準になると考えられています。

かつては、共謀において共同意思主体が形成されなければならないとする見解が主張されていました（共同意思主体説）。この見解は、共謀において関与者間に一心同体といえる程度の犯罪行為実現に向けての団体（共同意思主体）が形成され、実行行為はこの共同意思主体の外部への表明活動であると考えて

現場共謀

共謀は実行行為に先立って行われなければならないわけではなく、実行行為の現場での共謀の成立が認められる場合もある。これを現場共謀という。

黙示の共謀

明示的な言動により共謀関係が形成されていなくても、各自が自己の犯罪行為実現の意思を他人の行為を利用して達成しようとする意思が形成されているのであれば、黙示の共謀も認められる。

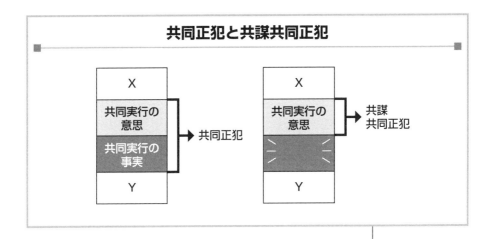

共同正犯と共謀共同正犯

いました。しかし、共謀共同正犯を成立させるべき事例について、共同意思主体が必ずしも備わっていない場合があるとの批判があります。

■ 共謀共同正犯の必要性

　共謀共同正犯論は、犯罪を計画・主導する黒幕は背後に控えていて、実行行為の分担はその手先となる者が多いという現実を前にして、背後の黒幕にも正犯としての責任を追及する必要があるという価値判断に基づいています。いわゆる「主犯」というわけです。犯罪の世界だけではなく、手先となる者が働いて、黒幕は背後に控えているのはよくある光景です。この黒幕を「教唆犯」にすぎないとするのは納得できないというわけです。

　共謀共同正犯を認めることについて、早い段階から判例は確立しているにもかかわらず、学説は長い間批判的でした。ただ、近年は急速に判例に賛同する立場が増えています。上図は、XとYが共同して加害行為を行い、共同正犯には共同実行の意思（共謀）と共同実行の事実があるが、共謀共同正犯には共同実行の意思しかないことを意味しています。

教唆犯と従犯

他人に犯罪を思い立たせたり手助けすることで処罰される場合がある

■ 教唆犯の要件

「人を教唆して犯罪を実行させた者」を教唆犯といいます（61条1項）。教唆犯は正犯と同じ刑を科されます。

① 「人を教唆して」

教唆とは、人に特定の犯罪を実行する決意を生じさせることをいいます。「特定の犯罪」をそそのかすものでなければならず、ただ漠然と「犯罪をしろ」というだけではダメです。「特定の犯罪」をそそのかしていれば、犯行の日時・場所などの詳細まで指示する必要はありません。また、教唆の方法はどんなものでもかまいません。なお、教唆を行う者には故意も必要です。具体的には、自己の教唆行為によって、実行者が特定の犯罪を実現することを認識していることを指します。何らかの犯罪行為を行うという認識では足りません。

共犯の処罰根拠に関する因果共犯論に立つと、共犯は正犯者の行為を通じて、自己の犯罪行為を実現する目的で、共犯行為に及んでいるということができます。よって、教唆者が正犯の行為があらかじめ犯罪行為として完成しないことを知っていた場合には、犯罪行為をそそのかしても教唆としての故意が認められません。

なお、正犯に対して犯罪を実行する意思を持たせる必要がありますので、すでに犯罪を実行する意思をもっている者に対して、犯罪をそそのかす行為をしても、それは教唆ではなく幇助にあたることに注意が必要です。

また、刑法は教唆を行った者をさらに教唆した者についても

未遂の教唆

教唆者が正犯行為が犯罪行為として完成しないのを知っていた場合を未遂の教唆という。

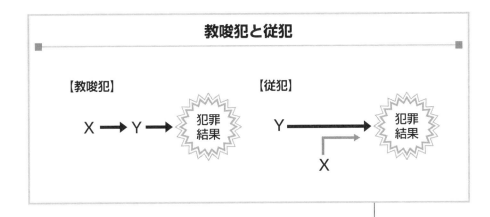

教唆犯と従犯

【教唆犯】

X → Y → 犯罪結果

【従犯】

Y → 犯罪結果
X

処罰する旨を規定しています（61条2項）。これを間接教唆といいます。もっとも、教唆は、実行行為を行う正犯に対して教唆を行うことを指すと考えられますので、間接教唆犯をさらに教唆できるのか否かが問題になります。この点は、間接教唆犯は教唆犯という正犯者ではない者をそそのかした者ですので、間接教唆犯をさらにそそのかしても、その行為（再間接教唆）は処罰対象にならないと考えられています。

② 「犯罪を実行させた」

　教唆された者（被教唆者）が教唆によって犯罪の実行を決意し、これを実行に移したことが必要です。被教唆者（正犯）が犯罪の実行を決意しなかったり、または決意したが何らかの事情で実行に着手しなかったときは、教唆犯は成立しません。

■ 従犯の要件

　「正犯を幇助した者」を従犯（幇助犯）といいます（62条1項）。自分では犯罪の実行をしないで、他人が犯罪を実行するのを助けて、その実現を容易にする共犯の形態です。正犯の刑を減軽した刑が科されます（63条）。つまり、従犯については、正犯として扱われる教唆犯とは異なり、正犯の刑罰よりも必ず軽減された刑罰が適用されます。

被教唆者が未遂に終わった場合

被教唆者が実行に着手して未遂に終わった場合は、未遂罪の教唆犯が成立する。

教唆犯への幇助

本文記載のように、「正犯を幇助する」という要件から考えると、教唆犯への幇助は可罰なのか問題になる。教唆犯については、教唆犯・幇助犯への教唆に関する規定が置かれているが、幇助犯についてはこのような規定は置かれていない。幇助犯は、犯罪としての性質が共同正犯や教唆犯よりも低いと考えられていることから、教唆犯への幇助は処罰対象から外されるものと考えられている。

① 正犯を「幇助」すること

　幇助とは、実行行為以外の行為で、正犯の実行行為を容易にするものをいいます。幇助の方法に限定はありません。「犯行に使う日本刀を貸してやる」「贈賄のための資金を提供する」という物質的な方法だけでなく、忠告・助言・激励といった精神的方法でもかまいません。また、作為か不作為かも問いません。幇助についても故意が必要であり、漠然とした犯罪行為を行わせることという認識では足りず、実行者が特定の犯罪行為を行うことを認識している必要があります。

　なお、正犯が実行行為を終了した後に幇助を行うことは、通常では考えにくいといえますが、正犯が窃盗罪を犯した場合に幇助犯が盗品等を運び出すなどの形で、正犯の犯罪行為に関与することが考えられます。これらの行為を実行行為終了後の幇助（事後従犯）としてとらえることも可能なようにも思われます。しかし、盗品等の運び出し行為については、盗品等に関する罪（256条、257条）として別途規定されていることから、事後従犯は共犯ではなく、独立の犯罪類型であることに注意しなければなりません。

　また、幇助犯については教唆犯とは異なり、幇助犯をさらに幇助する行為（間接幇助）については、処罰規定が設けられていません。したがって、間接幇助犯については処罰対象から除かれていると考えることができます。

② 幇助者が犯罪を実行すること

　正犯が実行行為を行うことはもちろん必要ですが、幇助行為と正犯の実行行為や結果との間に、どの程度の因果関係が必要となるのかが議論されています。

　この点について、「幇助行為がなかったら、正犯の結果は発生していないだろう」という正犯と同一の「条件関係」を要求すれば、幇助の処罰は困難になります。結果との間に因果関係のある者は正犯とするのが通常ですし、「見張り」のように結

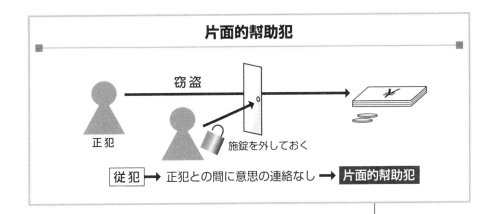

片面的帮助犯

窃盗

正犯

施錠を外しておく

従犯 ➡ 正犯との間に意思の連絡なし ➡ 片面的帮助犯

果との間に因果関係のない者だからといって不問に付すのも問
題です。

　現在では、幇助行為が「正犯の結果発生を促進したか」とい
う基準を用いて、正犯結果の発生を可能にしたり早めた場合の
他に、正犯結果の発生を導く行為を物理的・心理的に促進した
場合も幇助にあたると考えるようになっています。

　つまり、幇助犯の因果関係の判断については、正犯が犯罪結
果を発生させるにあたり、幇助行為がその結果発生を促進する
（容易にする）効果があったか否かという観点が重要視されま
す。幇助犯は物理的な関係以上に、心理的な要素が強いという
ことに特徴があるので、心理的促進も幇助の因果関係で考慮さ
れます。

　なお、正犯者が幇助者の存在を認識していなくても、幇助犯
が成立するのかが問題になります（片面的幇助）。この点は、
幇助犯は正犯者との間に意思の連絡が存在することは必ずしも
要しないので、この場合も幇助犯が成立すると考えられていま
す。たとえば、Ｘが窃盗の実行行為を行っているのを見ていた
Ｙが、Ｘの認識していないところで、一方的に見張りなどの幇
助行為を行っている場合も、Ｙについて幇助犯が成立するとい
うことです。

同時犯と過失の共同正犯

．．．．．．．．．．．．．．．．．．．．．．．．．．．．．．．

意思の連絡なく同時に犯罪行為を実行するのが同時犯

■ 片面的共犯とは

　共同正犯に典型的に見られるように、通常、共犯行為は関与者相互の間にある程度の意思の連絡があるものです。しかし、場合によっては、相手方との意思の連絡なしに、一方的に犯罪行為に加功（加担）する場合が考えられます。たとえば、甲が盗みを働こうとしているときに、乙が、甲に頼まれてもいないのに見張り行為をするような場合です。このような場合を「共犯」といえるのかが問題となります。

　まず、「意思の連絡」を要件とする共同正犯については、いくら加功者が相手方と犯罪行為を共同にする意思をもって犯行に及んでも、これを「共犯」とは認められないでしょう。一方的な協力だけでは意思の連絡が認められないからです。

　また、教唆犯については、その性質上「片面的教唆」は認められません。相手が教唆されていると気づかずに教唆したり、反対に教唆しているとも知らずに相手が犯罪を決意する、ということは普通ありえないでしょう。結局、「片面的幇助（従犯）」だけ認めるというのが学説・判例の大勢です。

片面的幇助

前ページ参照。

■ 同時犯とは

　意思の連絡なしに同一の客体に対して、同一の犯罪を同時に実行する場合です。各自が自己の行為についてだけ責任を負います。たとえば、AとBがCを狙って、別々の場所から同時に発砲し、Cが死亡したという場合に、AとBのどちらかの弾があたってCは死亡したが、どちらの弾があたったのか不明な場

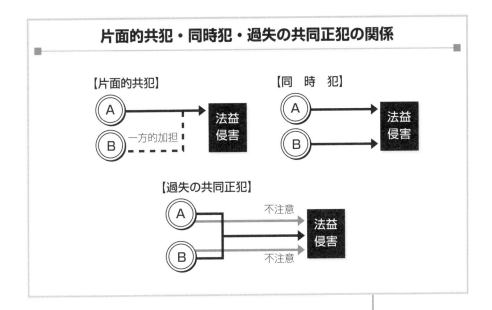

片面的共犯・同時犯・過失の共同正犯の関係

【片面的共犯】

A → 法益侵害

B ‥‥一方的加担‥‥

【同時犯】

A → 法益侵害

B → 法益侵害

【過失の共同正犯】

A ──不注意── 法益侵害

B ──不注意──

合などが、同時犯とされます。同時犯の場合は、A・Bどちらの発砲が原因でCが死亡したのかが不明なので、因果関係が否定されてAもBも殺人未遂罪になります。

■ 過失の共同正犯とは

過失により数人が共同して危険な行為を行い、人を死亡させたが、どの行為者の行為が原因となったか判明しなかったような場合を考えてみましょう。この場合に、過失の同時犯とすれば、各自に死の結果を帰責することができず、未遂処罰のない過失犯は常に全員が犯罪不成立となります。

このとき、過失の共同正犯を認めれば、関与者全員に過失致死罪が成立します（一部実行全部責任の原則）。ただ、過失犯の実行行為の中心は不注意により結果を発生させたという無意識的なものであって、過失犯についての「共同」というのは考えにくいものがあります。それでも、判例は過失の共同正犯を認めています。

同時傷害の特例

刑法は傷害罪について同時犯の特例を規定しており、傷害罪の同時犯は共同正犯として処罰されることになる（207条）。

共犯と身分

犯罪の主体となる身分を持つ者と持たない者との間の
共犯関係

■ 身分犯とは

犯罪の主体となるのに一定の「身分」を必要とするものを身分犯といいます。身分犯には、身分があることで初めて犯罪となる真正身分犯（構成的身分犯）と、身分があることで刑が加重または減軽される不真正身分犯（加減的身分犯）があります。

また、身分犯については、違法身分と責任身分という区別も存在します。

違法身分とは、身分の存在が法益侵害を直接引き起す地位を指している場合をいいます。たとえば、収賄罪は主体が「公務員」に限定されていますが、主体が限定されている趣旨は、収賄罪における保護法益は公務員の職務の公正さであり、これを侵害できるのは、身分をもっている公務員のみであることから、主体を限定しているということです。これは、真正身分犯を考えるにあたり、身分を持たない人は、単独で法益侵害を行うことができないことを意味します。よって、真正身分犯については、身分を持たない人は、身分を持つ人に加功する形でのみ、法益侵害を引き起すことが可能になります。

これに対して、責任身分とは、法益侵害を引き起こした責任について、身分をもっていることで責任の加重または減軽が認められる場合をいいます。たとえば、業務上横領罪は「業務」という身分に関する規定を置いて、単純横領罪に比べて厳格な刑罰を規定しています。これは、横領罪の保護法益である委託関係や物に対する所有権の侵害について、より重く非難されるべきであると考えられていることに由来します。

**構成的身分犯と
加減的身分犯**

構成的身分犯の例として、収賄罪における「公務員」、偽証罪における「宣誓した証人」等の身分を挙げることができる。
これに対して、加減的身分の例としては、常習賭博罪における「常習者」や業務上堕胎罪における「医師」等の身分を挙げることができる。

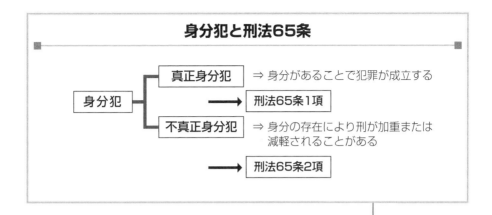

身分犯と刑法65条

身分犯 ┬ 真正身分犯 ⇒ 身分があることで犯罪が成立する
      │ → 刑法65条1項
      └ 不真正身分犯 ⇒ 身分の存在により刑が加重または
                         減軽されることがある
         → 刑法65条2項

■ 身分をもたない者が身分犯に関与した場合

　身分をもたない者（非身分者）が身分犯に関与した場合は、どのように処理されるのでしょうか。

　この点については、刑法65条で規定しています。1項は「犯人の身分によって構成すべき犯罪行為に加功したときは、身分のない者であっても、共犯とする」と規定し、2項は「身分によってとくに刑の軽重があるときは、身分のない者には通常の刑を科する」と規定しています。

　刑法65条1項・2項は、一見すると矛盾するかのような規定であるようにも思えますが、判例は両者の規定について、以下のように説明します。

　まず、刑法65条1項は「真正身分犯」に関する規定で、真正身分犯は連帯作用があることを規定していると考えます。次に、刑法65条2項は「不真正身分犯」に関する規定で、不真正身分犯は各共犯者について個別的に判断する（個別作用）ことを規定していると考えます。真正身分犯と不真正身分犯との形式的区別に重きを置いて、刑法の規定を理解しようという見解です。

　これに対して刑法65条1項は、構成的身分犯と加減的身分犯という区別に関係なく、身分犯に対する共犯成立の有無に関する規定であると考えるとともに、刑法65条2項は、加減的身分

犯について、科される刑罰の個別作用（科刑）を定めた規定であると考える見解があります。しかし、犯罪行為の成立と科刑が分離するこの見解には強い批判が加えられています。

■ 共同正犯の成否の問題

刑法65条の「身分」「共犯」などの意味に関しては、共同正犯への適用をめぐって、以下のように見解が分かれています。

① 通説・判例

前述したように刑法65条1項・2項を素直に読む限り、1項は真正身分犯の規定で、2項は不真正身分犯の規定と読めます。さらに「共犯とする」というのは、共同正犯・教唆犯・従犯になりうるということです。これが通説・判例の見解です。

つまり、刑法65条1項の「共犯」は、共同正犯を含むものと理解する見解といえます。真正身分犯の場合においても、共犯者が分担行為を処理することができる以上、一部の行為を分担した非身分者についても、身分者と共同して自らの犯罪を実現することが可能だと考えるのです。

② 少数説

不真正身分犯はまだしも、真正身分犯の実行行為は身分者にだけ可能なのではないか、という点を重視すると、1項は「実行する」と規定しているので、非身分者が犯罪を「実行」することはできないと考えます。つまり、1項の「共犯」には共同正犯は含めないとします。これによれば、1項は真正身分犯・不真正身分犯を通じて共犯の成立の問題を規定し（真正身分犯の共同正犯は除く）、2項は不真正身分犯についての科刑の問題を規定したものだと考えるわけです。

■ 身分者の共犯加功

非身分者が身分者に犯罪を教唆した場合は、どのように処理されるでしょうか。たとえば、一般人Aが医師Bに対しC女の

判例・通説と少数説の違い

・非公務員Aが公務員Bと共同して収賄を行った場合

判例・通説は1項の適用で、ABが収賄罪の共同正犯となる。少数説は共同正犯に対する1項の不適用で、Aは収賄罪の教唆犯、Bは収賄罪の正犯となる。

・非業務者Cが業務者Dと共同して横領を行った場合

通説はCが単純横領罪、Dが業務上横領罪となり、共同正犯の関係に立つ。

判例・少数説はCDに業務上横領罪の共同正犯が成立し、Dのみ科刑が単純横領罪にとどまる。

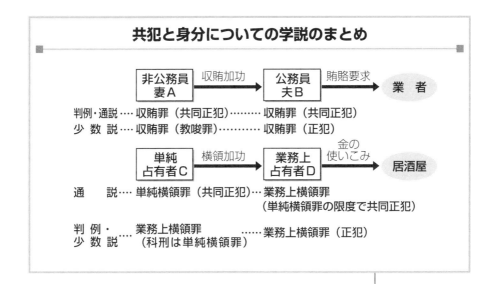

共犯と身分についての学説のまとめ

非公務員 妻A	収賄加功 →	公務員 夫B	賄賂要求 →	業者

判例・通説 … 収賄罪（共同正犯）……… 収賄罪（共同正犯）
少 数 説 … 収賄罪（教唆罪）………… 収賄罪（正犯）

単純 占有者C	横領加功 →	業務上 占有者D	金の 使いこみ →	居酒屋

通　　　説 … 単純横領罪（共同正犯）… 業務上横領罪
　　　　　　　　　　　　　　　　　（単純横領罪の限度で共同正犯）

判 例・ 　業務上横領罪
少 数 説 …（科刑は単純横領罪）……業務上横領罪（正犯）

堕胎を教唆し、BがCの承諾を得て堕胎を実行した場合、Bは業務上堕胎罪が成立し、Aは同意堕胎罪の教唆犯が成立します。

　一方、身分者が非身分者に加功した場合は、非身分者には通常の罪が成立しますが、身分者については、身分に応じて加重された犯罪に関する共犯が成立します。たとえば、経理担当のDから頼まれ、一時的にCが会社の金銭を預かっていた際に、DがCを教唆した場合（Cだけで金銭を消費させた場合）はどうなるのでしょうか。判例・通説によれば、Cには横領罪が成立し、Dには業務上横領罪の教唆が成立します。

　この点について、身分を持たないことが消極的身分を認めることになるとの批判があります。消極的身分とは、身分を持たないことが犯罪の成立要件となっている場合です。前述の事例では、Cは横領罪なのに、Dに業務上横領罪の教唆が成立するというのは、Cが「業務上」の身分を持たないことが消極的身分として機能し、通常の横領罪が成立しているのだと考えるわけです。これはおかしいと考えて、Dには横領罪の教唆が成立するという少数説があります。

**業務上堕胎罪は
不真正身分犯**

業務上堕胎罪（214条）は「業務上」を理由に同意堕胎罪（213条）の刑を加重したものである。よって、教唆者Aには通常の刑である同意堕胎罪が成立する。

罪数

複数の罪を犯した場合の処理方法

■ 罪数を考える手順

いよいよ犯罪論の仕上げです。罪数論というのは、1人の行為者が数個の罪を犯した場合の処理に関する問題です。着衣の上からナイフで刺し、重傷を負わせ数時間後に死亡した、というごくありふれた殺人を考えても、そこには細かく見れば、着衣を損傷する「器物損壊」、身体を傷つける「傷害」、命を奪う「殺人」があるように見えます。

このように、1人の人間が行った一連の行為でも、複数の犯罪が成立する可能性は少なくありません。そこで罪数論が必要になってきます。

■ 一個か数個か

犯した犯罪が一個か数個かは、一般的には「構成要件」を基準に考えていくわけですが、けっこう微妙なものもあります。1人の人間の殺害のように、構成要件に該当する犯罪事実が1回発生する場合を単純一罪といいます。単純一罪が複数存在するにもかかわらず一罪と評価され、一罪の刑が科されるものを評価上一罪といい、法条競合と包括一罪がそれにあたります。

法条競合は、条文上数個の構成要件に該当するように見えるが、実は構成要件相互の関係で1個の構成要件にしか該当しない場合です。たとえば、被害者の同意を得て殺人を犯した場合、殺人罪も適用される余地がありますが、殺人罪の減軽類型として定められている、同意殺人罪が、いわば殺人罪の特別規定として適用されます。

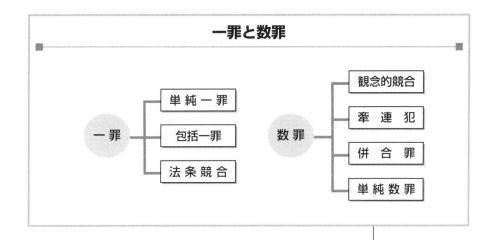

一罪と数罪

```
            ┌─ 単 純 一 罪              ┌─ 観 念 的 競 合
  一 罪 ──── ├─ 包 括 一 罪       数 罪 ──── ├─ 牽 連 犯
            └─ 法 条 競 合              ├─ 併 合 罪
                                       └─ 単 純 数 罪
```

　また、法条競合には含まれないが、一罪と評価されるものの総称を包括一罪といいます。たとえば、①一個の行為から生じた複数の結果が同一構成要件内にあるので一罪となる場合（例：ひとつの放火行為で複数の家を燃やした場合）や、②一個の行為から生じた複数の結果が異なる構成要件に及ぶが一罪となる場合（例：殺人と着衣の破損）などが挙げられます。

　これに対し、一個の行為が二個以上の罪名（数罪）に触れた場合を観念的競合、犯罪の手段若しくは結果である行為が他の罪名に触れるときを牽連犯といいます。観念的競合と牽連犯を科刑上一罪といいます。観念的競合は、道路交通法上の無免許運転の罪と酒酔運転の罪が、牽連犯は、住居侵入罪と窃盗罪・強盗罪・不同意性交等罪などが例として挙げられます。科刑上一罪は、成立する犯罪のうち上限・下限ともに最も重い刑が科せられます（54条）。

　「確定裁判を経ていない二個以上の罪」と「ある罪について禁錮以上の刑に処する確定裁判があった場合には、その罪と、その裁判の確定前に犯した罪」が併合罪になります（45条）。併合罪は、たとえば二個以上の罪について有期懲役なら、成立する犯罪のうち最も重い罪の刑の1.5倍の刑が科せられます。

かすがい現象

本来は併合罪の関係にある2つの罪について、それぞれの罪と科刑上一罪の関係にある犯罪が存在している場合、これら3つの犯罪について、科刑上一罪として扱うことをかすがい現象という。たとえばXとYに対する殺人罪が認められるときに、X・Yが同居している住居に対する住居侵入罪が成立する場合、X・Yへの殺人罪2つと住居侵入罪1つは、それぞれ牽連犯の関係にあることから、住居侵入罪と2個の殺人罪を牽連犯とした判例がある。

刑罰論

犯罪に対して適用される刑罰は法律により定められている

■ 刑罰とは

刑罰とは、罪を犯した人に対して国家が科する制裁のことです。刑もしくは刑事罰とも言われます。

刑罰には、重い順に次ページ図のようなものがあります。

これらの刑罰は、受刑者が剥奪されるものの種類によって、生命刑（死刑）、自由刑（懲役、禁錮、拘留）、財産刑（罰金、科料、没収）に分類されます。現在の日本では、刑罰を科す目的は、犯罪に対する報いとしての苦痛であると同時に、刑罰の存在により犯罪を抑止することにあると考えられています。

■ 死刑の執行について

現在の日本の死刑は、拘置所内の刑場において、絞首刑で執行されます。死刑が確定すると、確定の日から6か月以内に、法務大臣の命令によって死刑を執行しなければならないとされています。ただし、死刑確定者が心神喪失の状態にあるときや、死刑確定者が妊娠中の女性であるときには、法務大臣の命令によって執行を停止します。

また、死刑は、土曜日、日曜日、国民の祝日、年末年始には執行されません。実状としては、死刑の確定から1年以内に執行されることすら稀で、多くの死刑執行は、判決の確定から数年〜10年程度が経った後となっています。

国際的な動向としては、死刑を廃止する国が増えてきています。欧州連合の加盟国では、すべての国で死刑が廃止されており、国際社会に対しても、死刑の廃止を求めています。

「拘留」と「勾留」

刑罰が確定していなくても、事件の捜査のため、被疑者は身柄を拘束されることがある。これを勾留という。「拘留」が刑罰なのに対し、「勾留」は刑罰ではない。罪を疑われる理由があり、住居不定や、証拠隠滅のおそれ、逃亡のおそれのいずれかがある場合に勾留が認められる。また、起訴されてから判決がでるまでの間、逃走や証拠隠滅の防止のために勾留が認められ、これを未決勾留という。

刑罰の目的

刑罰を科す目的には、目的刑論と応報刑論という2通りの考え方がある。目的刑論は、刑罰の目的は罪を犯した当人を反省させ、再犯を防止すること、および刑罰の存在を知らしめることで犯罪をしようとする人を思いとどまらせることにあると考える。一方の応報刑論は、刑罰の目的は、犯罪行為への報いとして、犯人に苦痛を与えることだ、とする考え方をいう。現在の日本の制度では刑罰は応報でありつつ、犯罪の防止に有効であるべきという折衷的な考え方によっている（12ページ）。

刑罰の種類

死刑	受刑者の生命を失わせる刑罰
懲役	受刑者を拘置して所定の作業を行わせる刑罰
禁錮	受刑者を拘置する刑罰
罰金	強制的に金銭を取り立てる刑罰
拘留	1日以上30日未満の範囲で拘置する刑罰
科料	1000円以上1万円未満の金銭を強制的に徴収する刑罰
没収	犯罪に関係ある所有物（たとえば禁止薬物など）の所有権を国に移すこと。単独でこの刑が科されることはなく、上記いずれかの犯罪に付加する形で科される。

※令和4年の刑法改正により、懲役と禁錮が「拘禁刑」に一本化された（施行日は令和4年6月17日から起算して3年を超えない範囲内において政令で定める日）。

一方、日本では凶悪犯罪防止のためや、被害者および遺族の感情を重視するために、類似の犯罪について従来よりも重い刑を科す厳罰化の流れがあります。死刑執行の法務大臣命令も不定期ながら出されており、死刑が実行に移されています。

■ 無期懲役と有期懲役

無期懲役とは、期限なしで懲役刑を受けるという、日本の自由刑の中では最も重いものです。しかし、一生出所ができないというものではなく、10年以上懲役を受けた後に、本人が悔い改めた態度でいると行政官庁（地方更生保護委員会）が認めた場合に仮釈放されます。仮釈放は、本人の更生意欲を引き出すための制度です。仮釈放が認められた場合、社会復帰ができますが、保護観察は一生受けることになります。これに対し、有期懲役の場合には、刑期の3分の1を過ぎると仮釈放の可能性があり、仮釈放が認められると刑期が過ぎるまでの間、保護観察を受けることになります。

死刑制度について

死刑制度は、その是非について、過去から今日まで多くの議論がなされている。憲法36条には「公務員による拷問及び残虐な刑罰は、絶対にこれを禁ずる」と書かれており、残虐な刑罰を禁止している。そこで、更生の余地を与えない死刑は刑罰の本来の目的に反するので廃止すべきだという見方もある。

終身刑

アメリカの一部の州などで規定されている終身刑には、仮釈放がなく、基本的には一生出所ができない。日本でも、死刑を廃止して、終身刑を導入すべきだという意見もある。根拠として、最短10年で仮釈放の可能性がある無期懲役は、刑罰として軽すぎ、凶悪犯罪者を一生刑務所に閉じ込めて隔離しておくべきである等が挙げられる。

■ 懲役と禁錮の違い

　懲役と禁錮はどちらも受刑者の自由を奪う自由刑です。懲役を受ける受刑者には、刑務作業が科されます。刑務作業は、「受刑者の勤労意欲を高め、職業上有用な知識及び技能を習得させる」という目的で実施されるものです。刑務作業は1日8時間、週5日行われます。刑務作業を行うと、1か月約4000円程度の作業報奨金が支給されます。こうした受刑者の扱いについては、刑事施設及び受刑者の処遇等に関する法律（受刑者処遇法）によって規定されています。

　一方、名誉毀損罪や、一部の政治犯罪に対して言い渡される禁錮の場合には、刑務所に収容されますが、労働は強制されません。しかし、寝転がっていることは禁じられており、読書または運動をする、という決まりになっています。禁錮受刑者でも、希望すれば刑務作業に従事できます。

■ 罰金刑は有罪の中で最も多い

　有罪と判断された人の大半に対して科される刑罰は、罰金刑です。有罪確定後に金銭を納付することになります。金銭を完納できない場合、労役場での労務に従事する必要があります。

　罰金刑は、ほとんどが略式手続によって執行されています。略式手続とは、公判を行うことなく、検察官が簡易裁判所に略式命令を請求することによって、被疑者に100万円以下の罰金または科料を科すことができるものです。

　略式命令を受けた人または検察官は、その告知を受けた日から14日以内であれば正式裁判を請求することができます。

■ 有罪だが執行猶予になることもある

　執行猶予とは、原則として3年以下の懲役・禁錮、または50万円以下の罰金を言い渡されても、一定期間内に罪を犯して懲役刑や禁錮刑に処せられなければ、その刑を執行することなく期間

刑務作業

刑務作業は、①生産作業、②社会貢献作業、③職業訓練、④自営作業の4種類がある。また、刑務作業は刑事施設の構内で実施されるのが通常だが、受刑者の社会性を涵養するための指導・訓練を兼ねて塀の外の作業場で実施する場合もある（外塀外作業）。

拘禁刑への一本化

令和4年の刑法改正によって、現在、分けられている懲役と禁錮が「拘禁刑」に一本化されることになった。これは、禁錮に処されていても任意で刑務作業を申し出る受刑者が多かったという背景と、受刑者に応じて柔軟な更生プログラムを可能にするという目的による。条文としては「拘禁刑に処せられた者には、改善更生を図るため、必要な作業を行わせ、又は必要な指導を行うことができる。」が加わる。ただし、「拘禁刑」への一本化が施行されるのは、公布された令和4年6月17日から起算して3年を超えない範囲内において政令で定める日とされており、本書の発行日時点では、まだ施行されていない。

執行猶予の意味と内容

意味	猶予期間中、罪を犯さなければ、刑の執行をしない
趣旨	社会内で更生する機会を与える
言い渡される刑罰	3年以下の懲役若しくは禁錮又は50万円以下の罰金 （再度の執行猶予の場合は1年以下の懲役又は禁錮）
猶予期間	裁判が確定した日から1年以上5年以下の期間 （保護観察は原則任意、再度の執行猶予の場合は保護観察が必須）

終了後には刑の言渡しの効力を失わせることです。一定期間、猶予した後で執行するという意味ではないので注意しましょう。

たとえば懲役2年、執行猶予3年という有罪判決が確定した場合、3年間他の犯罪で懲役刑や禁錮刑にならなければ、懲役2年は執行されずに消滅します。一方、執行猶予がついていない判決を実刑といい、判決確定後直ちに刑が執行されます。

執行猶予は、有罪判決を言い渡すだけでも被疑者が十分に反省し、再び罪を犯す可能性が低いと認められるなら、刑を執行せずに本人の更生を促す方がよい、という考えで設けられている制度です。実際に、懲役刑と禁錮刑については、実刑判決よりも、執行猶予つきの判決となるケースの方が多くなっています。

■ 執行猶予は取り消されることもある

執行猶予を言い渡された人が、期間中に再び罪を犯して禁錮刑や懲役刑に処せられた場合、執行猶予は取り消されます。その時には執行猶予つきで言い渡された刑罰がまず執行され、その後、後から犯した罪に対する刑罰が執行されます。

執行猶予の取消しには罪を犯したために取り消す必要的取消しの他に、裁量的取消しがあります。罪を犯していない場合でも、保護観察を受けていて、遵守事項を守らない場合、情状が重ければ執行猶予が取り消されます。

刑の一部執行猶予
3年以下の懲役刑・禁錮刑の言渡しをする場合に、その一部は執行し（実刑）、残りの一部はその執行を猶予する制度（27条の2）。たとえば「懲役3年、うち1年を2年間猶予する」との判決があった場合、2年間は刑務所で服役し、残り1年は刑の執行が3年間猶予される。

Column

承継的共犯

　共犯をめぐって、承継的共犯と呼ばれる問題があります。承継的共犯とは、すでに先行者による犯罪実行行為の一部が終了している場合に、その後に後行者が関与する形態を指します。そして、後行者が先行者の行為の後に、共同実行の意思をもって後行行為を実行した場合を承継的共同正犯といい、先行者の行為の後に、先行行為に始まる犯罪行為について、これに加担する（手助けする）意思で後行者が関与した場合を、承継的幇助犯といいます。

　先行者の実行行為の一部が行われた後に、それを知りながら関与した後行者について、共犯として後行者が関与する前の事実を含めて、刑罰を科すことができるのかが問題になります。たとえば、Xが強盗を行う目的で被害者の反抗を暴行・脅迫によって抑圧した後、Xが財物を盗取する行為にYが共同実行の意思の下に関与した場合、Yについても Xと強盗罪の共同正犯として処罰することができるのか、または、Yが関与した行為のみについて処罰することができるにとどまるとして、Yは窃盗罪の共同正犯にとどまるのかということです。

　この点について学説は、承継的共犯を認めるとする肯定説と、認めないとする否定説が対立しています。そして、有力化していると言われているのが中間説と呼ばれる立場です。中間説は、すでに先行者の行為によって発生している犯罪結果については、後行者に対しては影響を与えず、先行者の行為を利用して、その後の犯罪行為に関与した範囲で、先行者との間で共犯関係が成立するととらえる見解です。

　前述の事例で、Xによる反抗抑圧の効果がYが関与した後にも持続している場合に、その効果を利用してYが財物の盗取を行ったといえる場合に、Yについて強盗罪の共同正犯の成立を認めるということです。

PART 5

刑法各論①
【個人的法益】

殺人の罪

• •

人の生命を侵害する罪

■ 安楽死とは

　「殺人の罪（199 ～ 203条）」は、ある意味でわかりやすい犯罪です。諸外国では行為態様や客体などに応じて細かく類型化している例が多いのですが、日本の刑法は、自殺関与・同意殺人（202条）を除いて、一切の殺人行為を199条だけでカバーしています。たとえば、重症のガンにおかされていた夫Ａが肉体的激痛にさいなまれ「早く楽にしてくれ」と口走ったため、妻ＢがＡを死亡させたとしましょう。いわゆる「安楽死」の事案です。ただ、安楽死といっても、①生命維持装置をとりはずすなどして治療行為を中止する場合（尊厳死）と、②上記事例のような場合とでは問題が異なります。①の場合は患者本人による延命措置打ち切りの意思表示がない場合が多く、殺人罪の成否が問題となりますが、②の場合は同意殺人（202条）の成否が問題となるのです。安楽死の違法性が阻却される要件は非常に厳しく、無罪になったケースはありません。判例・学説はこれまで、以下の要件を挙げていました。

ⓐ　回復不能の不治の病で、死期が目前に迫っていること

ⓑ　堪え難い肉体的苦痛があること

ⓒ　患者の苦痛を除去・緩和する目的であること

ⓓ　本人の真摯な嘱託・承諾があること

ⓔ　原則として、医師の手によること

ⓕ　方法が倫理的に妥当であること

　これは安楽死の違法性阻却を認めないというに等しい厳しい要件です。最近、若干緩和していこうという議論も出始めてい

殺人罪

殺 人 罪	
同意殺人罪	**安楽死**
犯罪不成立	殺人罪や同意殺人罪の 成否が問題となる

ますが、日本では安楽死について、「お前のやったことは悪く
ない（違法性がない）」とまではいいにくく、事情によって、
「このケースだけは勘弁してやる（責任がない）」という段階に
とどまっているようです。

　安楽死の問題は、刑法だけの問題ではなく、人間の尊厳に関
わる哲学的な問題を含む重いテーマです。

■ 自殺関与・同意殺人

　自殺関与とは、教唆または幇助をして人を自殺させることを
指します。同意殺人とは、嘱託（依頼）を受けて人を殺した場
合と、承諾を得て人を殺した場合の双方を指します。たとえば、
合意による心中は、相互に精神的幇助があると考えられるので、
互いに殺せば同意殺人、自殺すれば自殺関与となります。

■ 同意自体に問題がある場合

　たとえば、一緒に心中をしようと言ってきたAに対し、その
気もないのにBが「一緒に死ぬ」と言って毒物を与えて、Aが
その毒物で死亡したとしましょう。Aの自殺が自由な意思決定
に基づいていないのではないかが問題となります。この点は、
追死の意思がないのに、Aをだまして追死すると誤信させて自
殺させたBには、普通殺人罪が成立すると考えるのが判例です。

無理心中

無理心中は相互の精神
的幇助がないので、普
通殺人（199条）と
なる。

**自殺関与罪と
する学説**

「自分が死ぬこと」に
関してAはだまされて
いないので、Bには自
殺関与罪が成立するに
とどまるとする学説も
ある。

傷害の罪

人の身体を侵害する罪

傷害罪における故意

傷害の故意のみではなく、暴行の故意しかない場合が含まれる。なぜなら、傷害罪の犯罪結果が生じているにもかかわらず、暴行の故意しか認められないとして、過失傷害罪の成立を認めてしまうと、不当に刑罰が軽くなってしまうという批判が加えられるからである。また、暴行罪が、「暴行を加えた者が人を傷害するに至らなかったときは」と規定していることとも整合性がとれる。

■ 傷害とは

　「傷害の罪（204～208条の2）」は、人の身体の安全を保護法益としています。傷害の罪にいう「傷害」の意義について、①人の完全性を害する行為をいうか、②人の生理的機能を侵害する行為をいうか、③人の生理的機能を侵害する行為に加えて人の身体の外観に重要な変化を加えることをいうか、が争われています。判例は②の見解であると解釈しています。そのため、日常的なイメージよりは広い内容を含みます。たとえば、病気を感染させることや、頻繁にいやがらせ電話をかけて相手を精神衰弱に陥らせることも、人の生理的機能を侵害するので「傷害」にあたります。

　ところで、女性の頭を丸坊主にする行為も傷害にあたるのでしょうか。②の人の生理的機能に侵害を加えることが傷害だとする見解では、暴行罪にとどまるでしょう。行為が与える影響は少なくないものの、見た目の問題はさておき、女性の頭髪を切る（散髪する）行為は、人の生理的機能を侵害する行為ではないと一般に考えられていることから、傷害にはあたらないことになります。しかし、③の人の身体の外観に著しい変化を与えたときも傷害だとする見解では、頭を丸坊主にする行為は傷害にあたることになるのに対し、ショートカットにする程度であれば暴行罪にとどまることになると考えられます。

■ 傷害罪には2つの類型がある

　204条の犯罪（傷害罪）は、傷害の故意があった場合（傷つ

傷害罪の客観面と主観面

[客観面] ➡ 傷害に ➡ 傷害に ➡ 死に至った
　　　　　 至らない　　至った

　　　　 暴行の　（故意犯）　（結果的加重犯）（結果的加重犯）
　　　　 故意
[主観面] ➡ **暴行罪** ➡ **傷害罪** ➡ **傷害致死罪**
　　　　 傷害の　（未遂犯）　　（故意犯）　　（結果的加重犯）
　　　　 故意

けるつもりがあった）だけでなく、暴行の故意しかなかった場合（傷つけるつもりはなかった）にも成立します。つまり、204条は暴行罪の結果的加重犯でもあるということになります。これに対して、病気を感染させる行為などは、暴行によらずに直接的に傷害を加える例として挙げることができます。

　そのため、傷害罪は、直接傷害罪の成否が検討される場合と、暴行罪の結果的加重犯として傷害罪の成否が検討される場合という2つの類型に分類ができます。それに関連して、前述のように、傷害罪における故意には、傷害の故意のみではなく、暴行の故意しかない場合が含まれることに注意が必要です。

結果的加重犯

ある基本となる犯罪から、行為者の意図しない、より重い結果が発生したときに、基本となる犯罪よりも重い刑で処罰される犯罪のこと。

■ 傷害致死罪とは

　ニュースなどでよく被疑者や被告人が「殺すつもりはなかった」と弁解しているのを見聞きしますが、これが本当であれば傷害致死罪（205条）に問われます。相手が「死ぬかもしれない」と思っていたら、殺意（未必の故意）があるので殺人罪が問題になります。また、暴行の故意しかない場合でも、相手が死んでしまえば傷害致死罪です。つまり、傷害致死罪は、傷害罪の結果的加重犯として成立する場合もあれば、暴行罪の結果的加重犯として成立する場合もあるということです。

■ 暴行罪

　暴行を加えた者が、人を傷害するに至らなかったときに成立するのが暴行罪です（208条）。なお、刑法が規定するさまざまな罪において用いられている「暴行」については、以下のように4つの意味をもっています。

・最広義の暴行

　暴行の意義を最も広く解釈すると、人に対してだけでなく物に対して物理力が行使された場合であっても、暴行として認められる場合があります。刑法上は騒乱罪における暴行については、最広義の暴行を指すと考えられています。

・広義の暴行

　暴行を比較的幅広く解釈すると、人に向けられた物理力の行使全般が含まれることになります。つまり直接的に人に加えられる暴行に限らず、間接的に加えられる暴行も含まれることになります。たとえば、走っている車に石を投げたり、拡声器を使って耳元で大声を発する等の行為が暴行に該当することになります。刑法上は公務執行妨害罪における暴行については、広義の暴行であると解釈されています。

・狭義の暴行

　ある程度暴行の意味を限定して解釈すると、人に対して加えられた物理力をいいます。刑法上は208条にいう「暴行」は、人の身体に向けられた有形力の行使（狭義の暴行）とされています。たとえば、四畳半の部屋で日本刀を振り回す、塩をふりかける等の行為が該当することになります。

・最狭義の暴行

　暴行の意味をもっとも狭く解釈すると、人の意思や反抗を抑圧してしまうほどの、人に対する物理力の行使を指します。刑法上は強盗罪にいう暴行は、最狭義の暴行であると解釈されています。

同時傷害の特例

A
暴行

B
暴行

C
傷害

⇒ A・Bいずれの暴行によるのか不明

A・Bともに
傷害罪が成立する
同時傷害の特例

■ 同時傷害の特例

　AとBが意思の連絡なくCに暴行を加えて傷害を与えた場合には、AもBも自分がした暴行によって生じた傷害についてだけ責任を負うのが原則です。しかし、各人による暴行と傷害結果との間の因果関係を厳密に証明することは、極めて困難だといえます。つまり、Cの傷害がABどちらの暴行によるものかわからないときは、どちらも傷害罪の責任を負わず、暴行罪にとどまるのが原則となるはずです。

　しかし、それでは結論として妥当でないので、ABともに自分の暴行によって傷害が生じたのではないことを証明した場合を除いて、傷害罪で処罰する旨を規定しています（207条）。この規定は、意思の連絡があるか否かを問わずに、同一の機会に、同一の客体（C）に対し暴行を行った者同士（AB）について、共犯と類似の立場において、暴行と傷害結果との間の因果関係を証明する責任を行為者（AB）に転換することに、訴訟上の意義があると言われています。行為者としては、自己の行為が傷害結果の発生に関わっていないことを刑事裁判の中で反証することで、傷害罪の責任を免れることができます。

訴訟上の意義

刑事裁判では検察官が犯罪の立証責任を負っており、犯罪を証明しない限り被告人は無罪となる（無罪推定の原則）。しかし、同時傷害の特例は犯罪の不成立（傷害の結果を発生させていない）の証明責任を被告人に負わせるという点で、刑事裁判における例外的な扱いだといえる。

遺棄の罪

. . . .

生命や身体を危険にさらす行為に対する罪

■ どんな犯罪なのか

保護を必要とする人（高齢者、乳幼児、身障者、病人など）を保護のない状態におくことで、生命・身体を危険にさらすのが、「遺棄の罪（217～219条）」です。生命・身体に危険が発生すれば成立する、いわゆる危険犯です。

遺棄罪には、要扶助者を遺棄する単純遺棄罪（217条）と、要保護者を保護する責任がある人（保護責任者）が遺棄し、または保護しない保護責任者遺棄罪（218条）があります。

■ 遺棄とは

「遺棄」には、別の場所に連れて行って放っておく移置（作為による移置）と、置いたまま去っていく置き去り（不作為による置き去り）の２つの意味があります。

移置とは、保護が必要な人を、積極的に保護を受けられない場所に連れて行く（場所的に移動させる）ことにより、保護のない状態を作り出すことを指します。典型的には、乳幼児を山奥に連れて行き放置してしまう場合が挙げられます。

これに対して、置き去りとは、保護が必要な人を場所的な移動を伴わずに危険にさらすことを指します。たとえば、病人に対して必要な治療や投薬をせず、または、食物等の栄養を一切与えないような場合でも、置き去りに該当する場合があります。

保護責任者遺棄罪の主体が保護責任者に限定されているのに対し、単純遺棄罪は主体に限定がなく、誰でも犯罪を犯すことが可能ですから、置き去りを含むとすると処罰範囲が広がりす

危険犯

構成要件上、法益侵害の結果が発生したことは必要ではなく、法益侵害の危険または法益に対する脅威が生ずることを必要とする犯罪をいう。危険犯には抽象的危険犯と具体的危険犯がある。

遺棄概念

学説は、遺棄概念を、本文記載の移置に限定する狭義の遺棄と、移置と置き去りを合わせて含むとする広義の遺棄に分類し、単純遺棄罪にいう遺棄は狭義の遺棄を指すととらえ、保護責任者遺棄罪における遺棄については、広義の遺棄をいうと考えている。

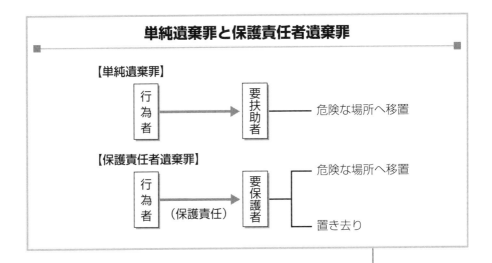

単純遺棄罪と保護責任者遺棄罪

【単純遺棄罪】

行為者 → 要扶助者 ── 危険な場所へ移置

【保護責任者遺棄罪】

行為者 ─(保護責任)→ 要保護者 ── 危険な場所へ移置

置き去り

ぎます。そこで、移置の場合だけが単純遺棄罪の実行行為にあたるとされています。よって、行き倒れを見かけた無関係の人が無視して通りすぎても、それだけでは単純遺棄罪は成立しません。

■ 保護責任者遺棄罪とは

保護責任者遺棄罪は、保護責任者による要保護者の遺棄または不保護によって成立します。保護責任者とは「老年者、幼年者、身体障害者又は病者を保護する責任のある者」です。保護責任の根拠は、法令・契約・慣習・社会常識などさまざまです。不作為犯の作為義務と重なります。このように主体が限定されているので、遺棄には置き去りも含むとされています。

また判例においては、先行行為による保護責任者としての義務の発生を認めています。たとえば、ホテルの客室で少女に覚せい剤を注射した者が、錯乱状態に陥ったその少女を放置して立ち去ったために死亡させた事例で、覚せい剤の注射という先行行為によって、行為者に対して、保護責任者として少女に看護など適切な措置を講じる義務が肯定されたケースがあります。

ひき逃げは保護責任者遺棄罪か

ひき逃げは道路交通法上の救護義務違反に該当するのが原則である。ただし、運転者が被害者を別の場所に移して遺棄した場合は、保護責任者遺棄罪が成立すると考えられている。

逮捕および監禁の罪

人の移動の自由を侵害する罪

■ どんな犯罪なのか

逮捕・監禁罪（220条）は、人を逮捕または監禁して、その人の行動の自由を奪うことを内容とする犯罪です。つまり、人がある特定の場所から移動したいと考える自由を侵害する罪です。このため、生まれたばかりの赤ちゃんのように、ある場所からの移動を希望するような意思の自由を持たず、全然行動できない者に対しては成立しません。しかし、幼児や精神病者でも、行動できる限り本罪の客体になりえます。

人を逮捕・監禁しても、それが適法に行われれば犯罪は成立しません。現行犯人は警察官以外でも逮捕ができますし、親が素行の悪い子を押入れに閉じ込めても、それが適切な懲戒行為と認められる範囲内ならば監禁罪にはなりません。

逮捕もしくは監禁によって人が死傷した場合には、逮捕・監禁致死傷罪が成立し、重く処罰されることになります。

■ 逮捕・監禁とは

逮捕とは、直接人の身体を拘束することで、ロープで被害者の手足を縛ったりすることがこれにあたりますが、人の行動の自由が奪われている状態が一定期間継続することは必要です。ほんの一瞬だけの拘束なら「暴行」となるでしょう。また、たとえ両方の手を縛られている状態であっても、他の場所に自由に移動できる状態が確保されているのであれば、逮捕とはいえません。

一方、監禁とは、人を一定の場所から移動することを不可能

行動の自由

特定の場所から移動する自由という場合、移動しようと思えば移動可能であるという自由（可能的自由）と、現実に移動したいと考えたときに移動できる自由（現実的自由）に分類できる。逮捕・監禁罪における保護法益に関して、判例は、可能的自由であるとする立場をとっている。

逮捕 ＝ 直接拘束

監禁 ＝ 移動妨害

にするか、著しく困難にすることをいいます。監禁の方法はさまざまで、部屋に閉じ込めて出入り口に鍵をかけたり、物置に押しこんで戸を外から釘付けにするなどが典型的な例です。その他、「逃げたら殺すぞ」とおどして、恐れた被害者がそこから逃げ出そうとしなかった場合（恐怖心の利用）や、入浴中の女性の脱衣を全部持ち去って浴場から出られなくする場合（羞恥心の利用）なども、監禁になります。つまり、物理的・心理的に移動が困難な状況を作り出すことをいいます。

■「監禁」されてたの？

　逮捕・監禁罪は、身体活動の自由を保護法益とするので、監禁行為の時点では行動の意思や能力がない者（熟睡中の人など）について、その自由を保護することは意味がないのではないか、監禁罪は成立しないのではないか、ともいえそうです。

　この点は「身体活動の自由」の解釈にかかっています。その人が行動したいときに行動できること（可能的自由）が問題で、現実的な行動の自由（現実的自由）が害されているかどうかは問題でないとするならば、監禁罪が成立します。一方、現実的な行動の自由が害されていることのみを問題とするならば、監禁罪は不成立ということになります。

脅迫の罪

• •

人の意思決定の自由を侵害する罪

■ 脅迫とは何か

脅迫とは、たとえば「つべこべ言うと、お前の腕をへし折ってやる」といったように、人が怖がる（畏怖する）ようなことを告げる行為（害悪の告知）を指します。害悪を告知する場合は、それによって何かを無理やりさせたり、金を出させたりすることが多いでしょう。前者の場合は強要罪が成立し、後者の場合は恐喝罪（反抗を抑圧する程度であれば強盗罪）が成立するので、脅迫罪には問われません。脅迫罪は、後述するように害悪を告知したことによって成立します。

刑法が規定するさまざまな罪において用いられる「脅迫」については、次のように３つの意味をもっています（次ページ図）。

広義の脅迫とは、一般人を畏怖させる程度の害悪の告知を意味し、告知する害悪の内容・性質・通知の方法を問わず、現実に相手方が畏怖していなくても犯罪が成立します。狭義の脅迫も一般人を畏怖させる程度の害悪の告知を意味しますが、害悪の内容・性質について一定の制限があります。最狭義の脅迫とは、相手方の反抗を抑圧する程度の恐怖心を抱かせることを意味します。

■ 脅迫罪

脅迫罪の保護法益
平穏な生活に対する安心感も脅迫罪の保護法益に含まれると考える立場もある。私生活に対する安心感を保護法益に含めることで、強要罪とは別の脅迫罪独自の性質が浮かび上がると考える立場も学説では主張されている。

脅迫罪（222条）は、人の意思活動の自由を守ることを保護法益とする犯罪だと考えられています。脅迫罪は「生命、身体、自由、名誉又は財産に対し害を加える旨を告知して人を脅迫した」ことによって成立します。よって、脅迫罪の実行行為は「脅迫」をすることになります。つまり、相手方を畏怖させる

脅迫とは

	内容・程度	罪　名
広義の脅迫	害悪の内容・性質・通知方法を問わない	公務執行妨害罪・職務強要罪・加重逃走罪・恐喝罪・騒乱罪 etc.
狭義の脅迫	①告知される害悪の対象が制限される ②害悪を告知された相手が一定の行為を強いられる	①脅迫罪 ②強要罪
最狭義の脅迫	相手方の反抗を抑圧する程度の恐怖心を抱かせる	強盗罪・事後強盗罪・不同意性交等罪・不同意わいせつ罪

（怖がらせる）ことができる程度の害悪の告知を行うことです。現実に相手方が畏怖していなくても脅迫罪は成立します。

　もっとも、害悪の告知については、相手方に到達して、相手方が告知を認識していることが必要です。また、告知される害悪の内容は、告知する人が直接的に影響力を行使できる内容でなければならないとともに、将来的に加えることができる内容でなければなりません。たとえば、過去に加えた害悪を相手方に示すだけでは脅迫罪は成立しません。

　さらに、告知される加害行為（害悪）が違法性を備えている必要があるのか、という問題があります。

　この点について、脅迫罪が「告知することのみ」によって処罰されるという性質の犯罪類型である以上、その告知される内容は違法性を備えている必要があると考えるのが通常といえます。しかし、判例や学説においては、告知される加害行為について違法性を備えていることを要求していません。あくまでも、告知される内容によって、自由ないし活動を侵害するような内容であるのか否かが重要であるため、違法性の有無によって脅迫にあたるか否かが決定されることはないと考えられています。

将来の害悪の告知の例

たとえば、暴力団の抗争において、実際には火災等の事実もないのに、対立するグループに対して「出火見舞い」というハガキを送る行為などは、将来の害悪の告知としての効果が認められるため、脅迫にあたると考えられる。

■ 脅迫罪は告知される害悪の対象に制限がある

脅迫罪においては、告知される害悪の対象が、告知の相手方またはその親族の生命・身体・自由・名誉・財産に限られます。このように害悪の内容・性質が限定されているので、脅迫罪の「脅迫」は狭義の脅迫であると考えられています。

もっとも、脅迫罪で列挙されている害悪の内容は、個人の法益をほぼカバーしているということができますので、一般人を畏怖させる程度の害悪の告知については、広く脅迫罪が成立することになります。

脅迫罪で注意すべき点は、告知される害悪の対象を「告知の相手方またはその親族」に関するものに限定していることです。たとえば、「恋人を殺すぞ」と脅しても脅迫罪は成立しません。親族以上に恋人を大切だと思っている場合もありますが、刑法は被害者本人以外にも「親族」という形で、加害対象を限定的に拡張しているにすぎないので（222条2項）、条文に記載がないのに害悪の対象を拡張することは罪刑法定主義に反し許されません。

さらに、前述のとおり、脅迫行為の相手方が現実に怖がる必要はありません。たまたま相手方が肝っ玉のすわった人で、少しも怖がらなかったとしても脅迫罪は成立します。そして、害悪の告知が相手方に認識された時点で既遂となります。

■ 強要罪

強要罪（223条）は、暴行または脅迫によって、相手方に義務のないことを行わせ、または権利の行使を妨害したことによって成立する犯罪です。具体的に言うと、相手方に「暴行」を加えるか、または「相手方もしくはその親族」の生命・身体・自由・名誉・財産に対して害を加えると相手方に告げて「脅迫」することによって、相手方に義務のないことをさせたり、相手方の権利の行使を妨げた場合に、強要罪が成立します。

村八分

地方等で風習的に行われる「村八分」は、村人が集団的に特定の人物やその家族との交際関係を一方的に絶つ行為をいう。村八分の相手方は、自由な交際関係や、ときには名誉を侵害されるような害悪を告知されることも少なくないため、判例が脅迫罪の成立を認めた例も少なくない。

脅迫罪と強要罪

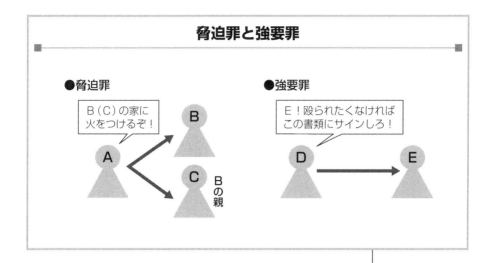

●脅迫罪

B（C）の家に
火をつけるぞ！

A → B

C
Bの親

●強要罪

E！殴られたくなければ
この書類にサインしろ！

D → E

　つまり、告知される害悪の対象については、脅迫罪の場合と共通していますので（前ページ）、たとえば「恋人を殺されたくなければ、新規事業を始めるのを辞めろ」と言われて畏怖し、新規事業を辞めたとしても、強要罪は成立しません。

　そして、強要罪が成立するには、暴行または脅迫により、相手方が現実に畏怖した状態に陥ることが必要です。この点が、現実に畏怖されたことを要しないとする脅迫罪と異なります。たとえば「別におそれを感じなかったが、わずらわしいので言うことを聞いてやった」という場合は、確かに義務のないことを行わされたということはできますが、暴行・脅迫によって畏怖されておらず、自由な意思決定を奪ったことにならないため、強要罪の未遂が成立するにすぎないと考えられます。

　また、強要罪にいう「義務のない」ことや「権利の行使」の意味については、法律上の義務や権利に関する事項に限定されません。判例においては、子守りの少女を叱る手段として、水入りバケツを長く持ち上げ続けさせた行為を強要罪にあたると判断したケースがあります。

略取、誘拐および人身売買の罪

行動の自由を侵害する行為に対する罪

■ どんな犯罪なのか

略取・誘拐罪は、人をその従来の生活環境から引き離し、自分または第三者の実力的支配の下に移すことを内容とする犯罪です。暴行・脅迫を手段とする場合が略取罪、だましたり、甘い言葉で惑わすことを手段とする場合が誘拐罪です。

略取・誘拐罪の保護法益については、①略取・誘拐された者（被拐取者）の自由とする見解、②被拐取者に対する監護権とする見解、③被拐取者の自由と監護権の双方とする見解の対立があり、判例は③を採用しています。

■ 未成年者に対する略取・誘拐罪

たとえば、子どものいない女性が、子ども欲しさに他人の子どもを連れ去った場合に成立する犯罪です。このとき、子どもをすぐに返しても未成年者略取・誘拐罪は成立します。

なお、未成年者の監護権者（両親など）の同意によって略取や誘拐される状況に陥った場合にも、本罪が成立するのか問題になります。一般的に監護権者が同意を与えていても、監護権を濫用している場合には本罪が成立します。

■ 成年者に対する略取・誘拐罪

成年者に対する略取・誘拐は、営利・わいせつ・結婚・生命や身体に対する加害の目的、身代金目的、国外移送目的がある場合に犯罪が成立します。なお、これらの目的による略取・誘拐の相手が未成年者の場合には、未成年者略取・誘拐罪ではな

**保護法益による
帰結の違い**

監護権者の同意がある場合でも略取・誘拐罪の成立を認めるのが①・③説、誘拐された本人の同意がある場合でも成立を認めるのが②・③説である。

**未成年者略取・
誘拐罪について**

本文記載の事例以外にも、たとえば、公園で遊んでいる子どもにチョコレートをあげるから一緒においでといったところ、子どもが喜んで、自発的についてきたといった事例であっても、誘拐に該当するので、未成年者略取・誘拐罪が成立する。

略取誘拐・人身売買罪のまとめ

略取誘拐・人身売買罪の構成

	客 体	行 為	目 的	条 文
1	未成年者	略取・誘拐		§224
2	人	略取・誘拐	営利・わいせつ・結婚・生命もしくは身体に対する加害	§225
3	人	略取・誘拐	身代金	§225の2Ⅰ
4	人	身代金要求等		§225の2Ⅱ
5	人	略取・誘拐	所在国外移送	§226
6	人（※）	人身の買受け		§226の2Ⅰ・Ⅱ
7	人	人身の買受け	営利・わいせつ・結婚・生命もしくは身体に対する加害	§226の2Ⅲ
8	人	人身の売渡し		§226の2Ⅳ
9	人	人身の売買	所在国外移送	§226の2Ⅴ
10	被略取者等	所在国外への移送		§226の3
11	被略取者等	引渡し、収受、輸送、蔵匿、隠避		§227

（※）未成年者を客体とする場合は刑が加重される

く、これらの目的による略取・誘拐罪が成立します（未成年者略取・誘拐罪よりも刑を加重しているため）。

■ 身代金目的の略取・誘拐罪

被拐取者の安否を気づかう近親その他の者の憂慮に乗じて、金品を提供させる目的で人を略取・誘拐することは、最も卑劣な犯罪のひとつです。「安否を憂慮する者」は、親子・夫婦などの近親者または近親者と同様に扱うことができる者を指しますが、企業に対して身代金を要求する事件も発生していることを考えると、「安否を憂慮する者」という要件を緩和していくべきとも考えられます。

未成年者との「駆け落ち」

未成年者と「駆け落ち」などすると、未成年者略取・誘拐罪の加重類型である、結婚目的の略取・誘拐罪が成立する可能性がある。

性的自由を侵害する罪

性犯罪の処罰要件を明確にするなどの改正が行われた

■ 性的自由を侵害する罪とは

刑法は、人の性的自由（性的行動）は本人の自由な意思決定に委ねられるべきとして、不同意わいせつ罪、不同意性交等罪、監護者わいせつ及び監護者性交等罪、わいせつ目的面会要求等罪を設け、人の性的自由を保護しています。さらに、動画の撮影、インターネットによる拡散が容易な状況を踏まえ、性的な姿態の盗撮等を処罰する性的姿態撮影罪などが刑法とは独立した特別法により新設されました。

■「性的自由を侵害する罪」についての改正経緯

「性的自由を侵害する罪」については、性に対する社会の認識の変遷に伴う改正が行われてきました。制定当初は強姦罪として女性の性的自由のみが保護の対象でした。しかし、性の平等志向の高まり、LGBTQ＋というマイノリティの人権意識の拡大、被害者保護の要請から、平成29年（2017年）の刑法改正より強制性交等罪へと変更され、処罰対象行為は拡大されたものの、性交等に至る手段は「暴行又は脅迫」という強制的手段に限定されていました。

しかし、「暴行又は脅迫」という明らかな強制的手段によらなくても、相手の真に自由な意思に基づく同意のないまま、性的自由が侵害されるという事例が問題とされるようになりました。社会的又は経済的関係上の地位を利用したわいせつ・性交等の事件も、マスコミで取り上げられるようになりました。

さらに、精神的に未成熟な16歳未満の少年少女に対し、わい

不同意性交等罪・不同意わいせつ罪の犯罪要件の改正

①〜⑧が原因で同意しない意思の形成・表明・全うが困難

①暴行・脅迫　　②心身の障害　　③アルコール又は薬物の影響

④睡眠その他の意識不明瞭

⑤不同意意思の形成・表明・全うのいとまがない

⑥予想と異なる事態での恐怖・驚愕　　⑦虐待に起因する心理的反応

⑧経済的又は社会的地位に基づく不利益

or

⑨わいせつな行為ではないと誤信させたり、人違いをさせたりすること、又は誤信や人違いに乗じること

性交等・わいせつな行為

=

犯罪成立

せつ目的で真に自由な意思に基づかない面会を要求する行為、SNSを通じてわいせつな映像を送信させる行為も、スマートフォンやSNSの普及に伴い刑罰化の必要性が認識されるようになりました。また、以前よりも盗撮とその映像の拡散が容易になったため、盗撮等を処罰する必要性が生じました。

そのため、令和5年6月、性的自由に関する一連の罪について改正が行われました。

■ 不同意わいせつ罪とは

一定の行為又は事由により、相手の同意しない意思を形成し、表明し若しくは全うすることが困難な状態にさせ又はその状態にあることに乗じて、わいせつな行為をした者は、6か月以上10年以下の懲役（刑罰改正後は拘禁刑）に処せられるとする罪です（176条1項）。

性的自由を侵害する罪の保護法益

性倫理や性風俗という以上に、性的羞恥心を感じる事柄について自己決定の自由が認められるべきところ、不同意わいせつ罪などの性的自由を侵害する罪は、性的事項に対する個人の自己決定権を侵害する行為といえる。したがって、性的自由を侵害する罪は、個人の性的自由および個人の性感情を保護する目的で刑罰を設けているといえる。

準強制わいせつ罪と準強制性交等罪の削除

心神喪失若しくは抗拒不能に乗じ又は心神を喪失させ、若しくは抗拒不能にさせて、わいせつな行為、性交等をした場合は、準わいせつ罪、準性交等罪として178条で処罰されていた。しかし、これらのケースも、改正後の不同意わいせつ罪、不同意性交等罪としてより詳細な規定が置かれたため、削除された。

改正前と大幅に異なる点は、わいせつな行為をするための手段や契機となる「一定の行為又は事由」が、以下の①～⑧のように、豊富に規定されている点です。

① 暴行若しくは脅迫を用いること又はそれらを受けたこと。

② 心身の障害を生じさせること又はそれがあること。

③ アルコール若しくは薬物を摂取させること又はそれらの影響があること。

④ 睡眠その他の意識が明瞭でない状態にさせること又はその状態にあること。

⑤ 同意しない意思を形成し、表明し又は全うするいとまがないこと。

⑥ 予想と異なる事態に直面させて恐怖させ、若しくは驚愕させること又はその事態に直面して恐怖し、若しくは驚愕していること。

⑦ 虐待に起因する心理的反応を生じさせること又はそれがあること。

⑧ 経済的又は社会的関係上の地位に基づく影響力によって受ける不利益を憂慮させること又はそれを憂慮していること。

その他、⑨行為がわいせつなものではないとの誤信をさせ、若しくは行為をする者について人違いをさせ、又はそれらの誤信若しくは人違いをしていることに乗じて、わいせつな行為をした者も、不同意わいせつ罪として処罰されます（176条2項）。

■ 16歳未満が被害者の場合

改正前は「暴行又は脅迫」を手段としなくても、被害者が13歳未満の場合は強制わいせつ罪が成立していました。しかし、令和5年の改正では、原則として、16歳未満の者に対してわいせつな行為をした場合は、上記に列挙した①～⑨の行為又は事由を手段や契機などとしなくても不同意わいせつ罪が成立することになりました。

ただし、16歳未満の者が13歳以上である場合は、その者が生まれた日より5年以上前の日に生まれた者（5歳以上年長である者）によるわいせつな行為に限り、上記に列挙した①〜⑨の行為又は事由を手段や契機などとしなくても不同意わいせつ罪が成立するとしました。

■ わいせつとは

　「徒に性欲を興奮または刺激せしめ、かつ普通人の性的羞恥心を害し、善良な性的道義観念に反すること」という最高裁の有名な「わいせつの定義」はいまだに生きています。

　ただ、これは、わいせつ物頒布罪（175条）に関して使われた定義で、不同意わいせつ罪にいう「わいせつ」とは若干ニュアンスを異にします。映画や小説におけるキスシーンは「わいせつ」にはあたりませんが、いやがる相手に無理やりキスすれば不同意わいせつ罪になると考えられます。つまり、不同意わいせつ罪におけるわいせつとは、広く人の性的羞恥心に関する行為を指します。

■ わいせつの目的についての判例が変更された

　報復する目的で女性を裸にして写真撮影を行ったとしても、それだけでは強制わいせつ罪は成立しないとされるように、強制わいせつ罪（改正前）が成立するには、わいせつな行為を行うことの認識に加えて、犯人の主観的傾向として「わいせつの目的（性欲を刺激、興奮させ、満足させるという性的意図）」が必要であるとするのが、かつての判例でした（昭和45年判決）。

　しかし、近時、わいせつ目的ではなく、金銭を借りる目的で貸主からの要求に応じる形で7歳の女児に自己の男性器を触らせたりして写真を撮影したという事案で、最高裁判所は従来の判例の解釈を変更して強制わいせつ罪の成立を肯定したのです（最大判平成29年11月29日）。

暴行行為がわいせつな行為と判別困難な場合

暴行自体がわいせつな行為と判別が困難な場合もあるが、判例は暴行ではなく、わいせつな行為と認める傾向にある。

最高裁判所判決の要旨

「わいせつな行為に当たるか否かは個別事案に応じた具体的事実関係に基づいて判断されるが、個別具体的な事情のひとつとして、行為者の目的等の主観的事情を判断要素として考慮すべき場合があり得ることは否定できない。しかし、そのような場合があるとしても、故意以外の行為者の性的意図を一律に強制わいせつ罪の成立要件とすることは相当でなく、昭和45年判例の解釈は変更されるべきである」として強制わいせつ罪の成立を肯定した（最大判平成29年11月29日）。

■ 不同意性交等罪とは

　不同意わいせつ罪で列挙された①〜⑨の行為又は事由を手段や契機などとして性交等をすること、つまり本人の真の同意のないまま性交等をすることによって成立し、5年以上の有期懲役（刑罰改正後は有期拘禁刑）に処せられます。改正前は「暴行又は脅迫」が手段とされていましたが、不同意わいせつ罪と同様に、手段や契機となる行為又は事由の範囲が大幅に広がりました。なお、被害者が16歳未満の場合は、不同意わいせつ罪と同じになっています。

■ 公訴時効の延長

　性犯罪は、一般的に差恥心から、被害者が被害を訴えるまでに時間がかかります。令和5年の改正では、この点を踏まえ、性犯罪の公訴時効期間を5年延長することとし、とくに18歳未満の被害者は十分な判断力が備わっていない点から、被害時から18歳までの期間も公訴時効期間に加えることとしました。

■ 監護者わいせつ罪・監護者性交等罪とは

　18歳未満の被監護者に対して「影響力があることに乗じて」わいせつ行為や性交等を行った監護者に成立する犯罪で、それぞれ不同意わいせつ罪や不同意性交等罪と同様に処罰されます（179条）。親権者や福祉施設の監護者による未成年者に対する性犯罪が問題となったことから、平成29年（2017年）改正によって設けられました。未成年者の性的自由を中核としつつ心身の健全な成長も保護法益とする趣旨です。

■ わいせつ目的面会要求等罪とは

　少年少女の精神的未成熟さを利用してわいせつな行為をすることやわいせつな映像を取得することが問題となったため、令和5年の改正で新たな罪が設けられました。

まず、わいせつ目的で、16歳未満の者に対し、以下の①～③の行為をした者は、1年以下の懲役（刑罰改正後は拘禁刑）又は50万円以下の罰金に処せられます（182条1項）。

① 威迫し、偽計を用い又は誘惑して面会を要求すること。

② 拒まれたにもかかわらず、反復して面会を要求すること。

③ 金銭その他の利益を供与し、又はその申込み若しくは約束をして面会を要求すること。

なお、上記の①～③の行為をした上で、16歳未満の者と面会まで行った場合は、2年以下の懲役（刑罰改正後は拘禁刑）又は100万円以下の罰金に処せられます（182条2項）。

次に、16歳未満の者に対し、以下の①～②の行為を要求した者は、1年以下の懲役（刑罰改正後の拘禁刑）又は50万円以下の罰金に処せられます（182条3項）。

① 性交、肛門性交又は口腔性交をする姿態をとってその映像を送信すること。

② わいせつなものとして、膣又は肛門に身体の一部（陰茎を除く）又は物を挿入し又は挿入される姿態、性的な部位（性器若しくは肛門若しくはこれらの周辺部、臀部又は胸部）を触り又は触られる姿態、性的な部位を露出した姿態その他の姿態をとってその映像を送信すること。

13歳以上の者との関係

わいせつ目的面会要求等罪は、相手が13歳以上16歳未満の者である場合には、その者が生まれた日より5年以上前の日に生まれた者（5歳以上年長である者）が行為者である場合だけが罪に問われる。

■ 盗撮の処罰の必要性と新法の成立

スマートフォンなど、各種端末の普及に伴い、誰でも簡単に静止画・動画を問わず撮影ができるようになり、インターネットやSNSを通じてそれらを送信、拡散させることが可能となりました。そのため、本人の同意なく性的な姿態を容易に盗撮し、送信、拡散させることも可能となっています。そこで、令和5年に「性的な姿態を撮影する行為等の処罰及び押収物に記録された性的な姿態の影像に係る電磁的記録の消去等に関する法律」が成立し、性的姿態撮影罪などが設けられました。

盗撮行為について

これまで各自治体の迷惑防止条例によって規制されていたが、規制内容もまちまちで、盗撮後の画像の拡散の危険性への対処も必要なことから、撮影罪などを新設し、より厳罰をもって臨むことになった。

■ 性的姿態撮影罪とは

性的姿態撮影罪は、以下の①〜④の方法による撮影によって成立し、3年以下の懲役（刑罰改正後は拘禁刑）又は300万円以下の罰金に処せられます。

① 正当な理由なく、ひそかに性的姿態を撮影する行為。

② 不同意わいせつ罪で規定されている「一定の行為又は事由」に乗じて、真の同意のないまま性的姿態を撮影する行為。

③ 行為の性質が性的でない、特定の者しか閲覧しないと誤信させ、又は、そう誤信している状態に乗じて、性的姿態を撮影する行為。

④ 正当な理由なく、16歳未満の者の性的姿態を撮影する行為、又は13歳以上16歳未満の者の性的姿態を5年以上前に生まれた者が撮影する行為。

■ 性的姿態撮影罪関連の犯罪

盗撮された画像がインターネット（とくにSNS）を通じて容易に拡散されることを防止するため、性的姿態撮影罪に関連して、以下の行為も処罰されることになりました。

① **提供等罪**

性的影像記録を提供すると3年以下の懲役又は300万円以下の罰金となり、さらに、不特定又は多数の者に提供（拡散）又は公然と陳列すると5年以下の懲役（刑罰改正後は拘禁刑）又は500万円以下の罰金となります。

② **保管罪**

提供等罪をする目的で性的影像記録を保管すると、2年以下の懲役（刑罰改正後は拘禁刑）又は200万円以下の罰金となります。

③ **送信罪**

不特定又は多数の者に、性的姿態撮影罪で列挙された方法により性的姿態の影像を送信すると5年以下の懲役（刑罰改正後

性的姿態

①性的な部位（性器若しくは肛門若しくはこれらの周辺部、臀部又は胸部）、②人が身に着けている下着のうち現に性的な部位を覆っている部分、③わいせつな行為又は性交等がされている間における人の姿態のことを指す。

性的姿態撮影罪の構成要件①の例外

①の行為であっても、人が通常衣服を着けている場所において不特定または多数の目に触れることを認識しながら、自ら露出しまたは自らわいせつな姿態をとっているものは除かれると規定されている。

性的影像記録

簡潔に言うと、性的姿態撮影罪又は④の記録罪に該当する行為によって生成された性的姿態の影像やその複写物のことを指す。

性的自由を侵害する罪についての改正のまとめ

POINT 1 罪名の変更と成立要件の見直し

強制性交等罪 ⇒ 不同意性交等罪に変更
（成立要件について）
改正前：「暴行又は脅迫」によって強制的に
改正後：相手の性に対する自由な意思決定を奪う行為又は事由によって
→ 不同意とされる行為と事由を類型して規定！

POINT 2 わいせつな行為、性交等の同意年齢の引上げ

原則：相手が16歳未満ならわいせつな行為、性交等をしただけで犯罪成立。
例外：相手が13歳以上 ＋ 行為者が5歳未満の年上
→ 真に同意していたら不可罰！

POINT 3 公訴時効期間の見直し

5年延長し、被害者が18歳になるまでの期間を加算する
不同意性交等罪：10年から15年に変更
不同意わいせつ罪：7年から12年に変更
※被害者が18歳になるまで事実上公訴時効は適用されない

POINT 4 性的姿態撮影罪（特別法）、わいせつ目的面会要求等罪の新設

性的姿態撮影罪など：性的姿態の撮影やその記録の提供等・保管など。
わいせつ目的面会要求等罪：わいせつ目的で16歳未満との面会要求など。

は拘禁刑）又は500万円以下の罰金となります。この送信罪を犯して送信された影像と知って、さらに不特定又は多数の者に送信することも同様です。

④ 記録罪

　送信罪を犯して送信された影像と知って記録すると、3年以下の懲役（刑罰改正後は拘禁刑）又は300万円以下の罰金となります。

住居侵入罪

他人の住居に侵入することで成立する罪

■ どんな犯罪なのか

　住居は私たちが私生活を営む場所です。住居侵入罪は、正当な理由がないのに、人の住居、または人の看守（管理）する邸宅・建造物・艦船に侵入した場合に成立します（130条）。

　住居侵入罪の保護法益については、戦前は家父長権を基本とした法的住居権とする見解（旧住居権説）がとられていました。現在は、住居などの事実上の平穏を重視する平穏侵害説と、それを批判して登場した新住居権説が対立します。新住居権説は、誰を住居に立ち入らせるかの決定権限は居住者、艦船・邸宅・建造物については看守者（管理権者）にあると考えます。

■ 住居侵入罪

　「住居」とは、人の日常生活に使用されている場所をいい、犯人以外の人のものであれば、ホテル・旅館やテント、土蔵やガレージでも、別荘でもすべて住居です。ある程度の設備が必要ですので、地下道やドラム缶は住居にあたりません。

　たとえば、父親Bのもとを家出していたAが、Cら数人と自宅の強盗をやろうということになり、自分の家であることをCらに告げずに、裏口から住居内に侵入したという事例を考えてみましょう。Aは自分の家に強盗に入ったわけですが、家出によってBの住居における共同生活を離脱していたのですから、この場合は「人」の住居に侵入したことになります。

　「邸宅」とは、広大なお屋敷という意味ではなく、居住用に作られたが、現に人が住居として使用していない建物をいいま

住居侵入罪をめぐる学説のまとめ

住居侵入罪の保護法益		
住居権説	旧住居権説	戦前の家制度を前提とし、家父長の権利を保護。
	新住居権説	住居に誰を立ち入らせるかを決定する自由を保護。
平穏侵害説		住居などの事実上の平穏を保護。

す。「艦船」は軍艦や船舶など大きめのものです。「建造物」は住居・邸宅以外の建物を指します。邸宅・艦船・建造物は「人の看守する」ものである場合にのみ住居侵入罪が成立します。

「正当な理由がない」とは、適法でないということです。居住者または看守者の同意があれば犯罪不成立です。「侵入」については、平穏を害する態様の立ち入りとする説（平穏侵害説）と、住居権者の意思に反する立ち入りとする説（新住居権説）が対立します。両説の違いが出るのは、平穏な侵害ではあるが居住権者の意思に明確に反する場合です。

両説の違いが出る例として、「居住者以外立入禁止」と掲示されたマンションに、セールスマンが立ち入るような行為が挙げられ、平穏侵害説からは必ずしも侵入とはいえませんが、新住居権説からは侵入にあたる（住居侵入罪が成立する）ことになります。

また、氏名と住所を偽って参議院の傍聴券を入手し、その傍聴券を警備員（衛視）に提示した上で、本会議場の傍聴席まで入ったという事例を考えてみましょう。判例は新住居権説に立っていると考えられますが、侵入目的を重視する傾向にあるようです。したがって、前述したようなケースにおいて、規則に反した傍聴という点を捉えて、管理権者の意思に反したとし住居侵入罪とした判例があります。

建造物侵入罪

人の看守する建造物に侵入することを、とくに建造物侵入罪と呼ぶことも多い。

住居侵入罪の成立が問題になるケース

本文記載のように、判例は住居侵入罪の成立に関して、侵入目的を考慮する。もっとも、万引き目的でデパートへ行った人を、建造物侵入罪として処罰するというのは、いきすぎといえる。

名誉に対する罪

人の社会的評価の侵害に対する罪

■ どんな犯罪なのか

刑法は、名誉に対する罪として、名誉毀損罪（230条）と侮辱罪（231条）を規定しています。両罪とも人の人格的価値に対する社会の評価（外部的名誉）を保護法益とする点では同じですが、名誉毀損罪は「○○は会社の金を横領している」など具体的な事実を摘示して人の名誉を傷つける罪であるのに対し、侮辱罪は「アホ・バカ・マヌケ」などというだけで、具体的な事実を摘示せずに人の名誉を傷つける罪です。

■ 名誉毀損罪

名誉毀損罪は、公然と事実を摘示して人の名誉を毀損する罪です。「公然」とは、不特定または多数人が認識できる状態をいいます。範囲が限定された人の前でも多数人なら公然ですし、少人数でも不特定ならやはり公然です。「事実を摘示」するには、特定の人の名誉が害される可能性がある程度に具体的になされることが必要です。名誉を害される人の氏名まで明示されている必要はありませんが、その表現その他の事情から、誰のことを言っているのかが相当多数の人に推知できるものであることが必要です。

■ 事実証明とは何か

名誉毀損罪は死者の名誉毀損（230条2項）の場合を除き、摘示した事実が真実であるかどうかにかかわらず成立し得ます。

しかし、公共の利益のために真実を指摘して、多くの人々に

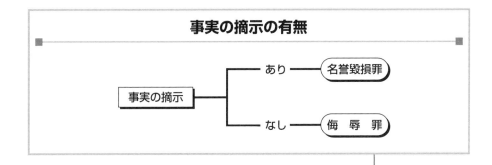

事実の摘示の有無

事実の摘示 ─┬─ あり ── 名誉毀損罪
　　　　　　 └─ なし ── 侮　辱　罪

事実を知らせることが必要である場合も少なくありません。それにもかかわらず、事実が真実であろうとなかろうと処罰されるのでは、表現の自由は重大な制約を受けることになり、公正な批判は窒息してしまいます。

　表現の自由の尊重と個人の名誉・プライバシーの保護という2つの要請が真っ向からぶつかり合う局面が、名誉毀損罪にはあります。両者の調和を図ろうとしたのが、以下の事実証明に関する規定（230条の2）です。

① **事実の公共性・目的の公益性・事実の真実性**

　230条の2第1項は、摘示された事実が「公共の利害に関するもの」（事実の公共性）であり、かつ、その公表がもっぱら公益を図る目的（目的の公益性）でなされたものであれば、事実が真実であるとの証明（事実の真実性）がなされた場合に、名誉毀損罪として処罰しないと規定しています。これら3つの要素の証明に失敗すれば、名誉毀損罪になります。

② **起訴前の犯罪行為に関する事実**

　同2項は、犯罪報道などの「公訴提起前の犯罪行為に関する事実」は、事実の公共性があるものとみなしています。

③ **公務員や候補者に関する事実**

　同3項は、名誉毀損行為が、公務員または公選の候補者に関する事実にかかるときは、事実の公共性と目的の公益性の証明を不要としています。

信用および業務に対する罪

人の経済活動を侵害する罪

■ どんな犯罪なのか

人が自由な経済活動を行うことは憲法上保護された利益です。その基礎ともいうべきものに、人の信用があります。たとえば「あの人は借金が多すぎて支払能力がない」などの風説が出回ってしまったとしたら、取引等における妨げになることは容易に想像できることであり、経済活動の大きな障壁になります。そこで、自由な経済活動を保護する目的で、信用毀損罪が規定されています（233条前段）。もっとも、虚偽の風説の流布または偽計が処罰の対象になっており、真実である場合にまで、刑法は保護の対象に含めていないことに注意が必要です。

また、刑法は信用毀損罪と併せて、業務妨害罪を規定しています（233条後段、234条）。この犯罪類型もまた、主に経済活動を念頭に置いて、人が行う業務に対する侵害行為に対して、刑罰が定められています。もっとも、信用毀損罪とは異なり、業務妨害罪においては、人の業務活動自体が保護の対象になっていると考えるのが通常であり、経済活動の自由に対する侵害から保護する目的、というのは少々困難であるとも思われます。しかし、刑法は信用毀損罪と性質が類似している業務妨害罪を同じ条文で規定して、人の信用や業務を保護して、経済活動の自由を一体的に保護していると考えることができます。

■ 信用毀損罪

人の経済的名誉と経済的利益を保護する信用毀損罪は、虚偽の風説を流布したり、偽計を用いたりして、人の信用を傷つけ

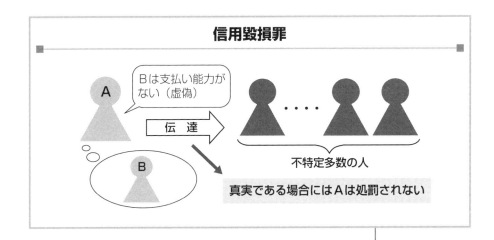

る罪です（233条前段）。

　まず、「信用」とはいかなるものが含まれるのかが問題になります。この点について、直接的には人の支払能力や支払意思に関する事柄が含まれるといえます。

　なお、注意が必要なのは、人の信用に関して虚偽の内容を広める等の行為に出ない限り、処罰対象にはならないということです。つまり、人の支払い能力等に関する事項は、確かに、本人からすれば、他人にたやすく知られたくない、プライバシーに関わる事柄であることは間違いありません。しかしその一方で、信用に関する情報については、その本人と取引に入る相手方等にとっても、重要な情報であるということができます。支払能力がない取引相手との取引行為は、その相手方の経済活動に対して、少なからず影響を与える可能性があるためです。そのため、仮に人の信用に関する事項であっても、その内容が真実である場合には、それが噂として広がり、その人の経済活動に支障をきたしたとしても、それは刑法の保護するところではないということです。

　虚偽の風説を流布するとは、デマや嘘のうわさを不特定または多数人に広めることです。たとえば、実際にはありもしない

「信用」に関する事項の例

たとえば、実際にはそのような事実は存在していないが、「Aは破産寸前だ」などといった嘘の噂話は、人の信用に関する虚偽の噂話であるということができる。また、判例や通説は、人が扱う商品の品質や技量等に関する噂話等についても、信用に含まれると考えている。

のにある会社が「倒産の危険がある」という嘘の情報を流すことが挙げられます。また、仮に少数の人を対象に、直接、他人の信用に関する事項を伝えたとしても、その相手から不特定多数の人にその情報が伝播するおそれがある場合には、虚偽の風説の流布として認めてよいとされています。

一方、偽計を用いるとは、人を騙したり誘惑したり、他人の錯誤や不知の状態を利用することも含みます。ただ、偽計による信用毀損は少なく、大部分は虚偽の風説の流布によります。

そして、最後に信用が毀損されたというのは、どのような状態を指すのかが問題になりますが、人の支払意思または支払能力に対する社会一般の評価（信用）を低下する危険性を作り出せば、信用毀損罪が成立します。そのため、人の信用を低下させる危険があることで十分であり、実際に信用が低下されたか否かは問いません。

■ 業務妨害罪

人の社会的活動の自由と経済的利益を保護する業務妨害罪は、虚偽の風説または偽計を用いた場合（233条後段）の他に、「威力」を用いた場合（234条）にも成立します。「威力」とは、人の意思を制圧するに足りる勢力です。暴行・脅迫はもちろん、騒音を出す、発煙筒をたくなどの行為も含みます。

「業務」とは、人が社会生活を維持する上で反復・継続して従事する仕事のことです。基本的には人の職業と結びつくことになりますが、収入を得る目的は必要ありません。業務上過失致死傷罪の「業務」と似ていますが、業務妨害罪の場合は、人の生命・身体に対する危険を含むものである必要はなく、娯楽のためのドライブや不適法な業務は原則として「業務」に含みません。また、反復・継続性については、一回的な行為であっても、団体の結成集会などのように事業全体を見れば業務性を認めるべき行為もあるため、業務性が問題になっている行為に

公務振分説のまとめ

```
                    ┌─ 権力的公務 ─ 業務に含まれない
                    │                ∴偽計・威力による場合、犯罪不成立
         公務振分説 ─┤
                    │
                    └─ 非権力的公務 ─ 業務に含まれる
                                     ∴偽計・威力による場合、業務妨害罪が成立
```

ついて、回数が複数である否かは無関係であると批判が加えられています。

■ 公務と業務

　公務員の職務（公務）を暴行・脅迫を用いて妨害すれば公務執行妨害罪（95条）が成立します。では、威力や偽計を用いて公務を妨害すれば業務妨害罪が成立するのでしょうか。

　以前の判例は、業務は公務を含まないとする消極説をとっていました。これに対し、業務は公務を含むとする積極説は、公務を含む業務全般について業務妨害罪が成立し、そのうち公務の暴行・脅迫による妨害についてだけ公務執行妨害罪が成立すると考えます。現在では、公務の一部が業務に含まれるとする中間的な見解で、公務の内容によって区別する公務振分説が有力です。判例も基本的にこの立場だと考えられています。

　公務振分説によれば、物理的強制を伴う権力的公務（警察官の職務質問、逮捕行為など）と、旧国鉄の業務や公立大学などの事務のような非権力的・私企業的公務（民間企業に類似性のあるもの）を分け、後者だけを業務妨害罪の業務に含めて保護します。ただし、授業の妨害が暴行・脅迫によってなされた場合には、業務妨害罪と公務執行妨害罪のどちらが成立するのかにつき争いがあります。

消極説への批判

消極説に立つと、たとえば威力で鉄道の運行を妨害した場合、それが私鉄であれば業務妨害罪となるのに、公営鉄道（市営地下鉄など）のような公務では無罪となる。このような結論は不当であると批判が加えられた。

旧国鉄

国鉄（日本国有鉄道）は、鉄道事業を運営する国の事業体であり、鉄道網は全国にわたっていた。1987年4月にJR各社に分割民営化された。

Column

自動車運転をめぐる法律

　かつて刑法では、過失致死罪・過失傷害罪の特則として「自動車運転過失致死傷罪」が規定されており、一般的な業務上過失による場合よりも責任が重いとされていました。さらに、飲酒運転によって引き起こされる交通事故を想定して、より重い罰則を定めた「危険運転致死傷罪」も規定されていました。

　しかし、飲酒運転に起因する悲惨な事故が後を絶たず、多様な危険運転を処罰する必要性も生じたことから、平成26年（2014年）に「自動車の運転により人を死傷させる行為等の処罰に関する法律」が施行され、刑法に規定されていた「自動車運転過失致死傷罪」「危険運転致死傷罪」を同法に移して、刑法からは削除しました。

　同法では、交通事故を起こした当時の状況に応じて、両罪の罰則が強化されています。たとえば、自動車の運転手が運転時に「アルコール・薬物や運転に支障を及ぼす病気の影響により、正常な運転に支障が生じるおそれがある状態で人を負傷させた場合」は12年以下の懲役、死亡させた場合は15年以下の懲役に処せられます。つまり、従来の危険運転致死傷罪と違い、「おそれ」があるだけでも危険運転致死傷罪が適用されるといった特徴があります。また、無免許の場合には、さらに刑が加重されています。

　その後、一般道、高速道路を問わず、走行中の他の自動車の前後左右から接近し停車を強要などする、いわゆる「あおり運転」の問題性が社会的にクローズアップされました。あおり運転は、運転自体が大事故発生の原因となりますし、停車後の暴行、傷害事件の発生という危険性もあります。

　そのため、令和2年の改正によって、あおり運転も危険運転として扱うことになりました。その結果、あおり運転によって人を負傷させた者は15年以下の懲役、人を死亡させた者は1年以上の有期懲役に処せられることになったのです。

PART 6

刑法各論②
【個人的法益、財産罪】

財産犯総論

財産を対象とする犯罪

■ 財物とは何か

　他人の財産権を侵害することを内容とする犯罪を財産犯といいます。財産犯は「財物」を客体とする財物罪と、財物以外の利益である「財産上の利益」を客体とする利得罪（2項犯罪）に分けられます。そして、財物の意義については、従来から有体性説と管理可能性説に学説が分かれていました。

① 有体性説

　有体性説とは、財物は有体物に限ると考える見解です。空間を占めている形を持っている物であることが、財物の要件であるとして、具体的には「固体・液体・気体」が財物であると考えます。したがって、電気等の目に見ることができない、空間において形を持たない物は、財物にはあたらないことになりますが、刑法自体が例外規定を置いています。それが、電気窃盗罪に関する規定（245条）です。

② 管理可能性説

　古くから有体性説が支配的な見解であったところ、明治38年の有名な「電気窃盗事件」（電気の盗用が窃盗にあたるかが問題となった事件）をきっかけに、電気のような無体物であっても人が管理できるものは財物だと考えるべきであるとする見解が主張されました。それが管理可能性説です。

　管理可能性説では、有体物のみではなく、人が管理可能なものも財物に含まれますので、前述の電気窃盗に関する規定についても、確認的な規定にすぎず、電気は本来的に有体物であると考えることになります。したがって、電気以外であっても、

有体性説と
電気窃盗罪

有体性説からは、電気窃盗罪に関する規定は、本来有体物にはあたらない電気を、この規定に限り有体物であると扱うという、特別規定であると考えることになる。

財物について

有体性説 財物は有体物（固体・液体・気体）に限る
∴電気は例外的に有体物に含まれる

管理可能性説 財物は管理可能であればよい
∴電気は当然に有体物に含まれる

⇒ とくに自然界にある物質に限定し情報は含まないとする
物理的管理可能性説が有力

管理可能なエネルギーであれば広く財物に含まれることになります。もっとも、管理可能性説に立つと、電気以外にもその他のエネルギー、サービス、債権や情報までもが財物に含まれることになり、あまりにも対象が広がりすぎるという問題点があります。そこで、管理可能であるという意義について、物理的な管理可能性を要求するなどの修正を加えて、自然界にある物質に限定し、債権や情報などは含まないとする物理的管理可能性説が有力になっています。

なお、人体等の財物性が問題になることがありますが、人体の根源は生命であり、人体等は財産権の主体ではありませんので、財物には含まれないと考えられています。

■ 不動産の財物性など

財物に不動産が含まれるのかという問題があります。窃盗罪においては、客体を不動産に限定する不動産侵奪罪（235条の2）が別途規定されていますので、窃盗罪における財物には、不動産は含まれないということができます。一方で、詐欺罪や横領罪等をはじめその他の財産罪については、基本的に不動産もその他の物と同様に財物に含まれると考えられています。

また、財産犯の客体という性質上、財物には何らかの形で財

産的な価値が認められなければなりません。判例においては、財物の財産的価値は広く捉えられており、金銭的な価値の有無だけではなく、自分自身の手元に置いておく価値等といったように、所有者など財物を管理する人の主観的な価値も含まれると考えられています。

■ 財産犯の保護法益

　財産犯の保護法益は「財産」です。その意味については、所有権その他の本権とする本権説と、事実上の支配が広く保護されるべきとする所持説（占有説）の対立があります。窃盗の被害者が自己の物を取り戻す行為は、本権説では窃盗になりませんが、所持説では窃盗になります。

　また、個人の個別の財産を保護法益とするのか（個別財産に対する罪）、個人の財産全体を保護法益とするのか（全体財産に対する罪）による区別もあります。背任罪が全体財産に対する罪に分類され、その他の財産犯は個別財産に対する罪に分類されます。

■ 不法領得の意思

　判例・多数説は、個別財産の罪のうち「領得罪」が成立するには、故意の他に不法領得の意思が必要としています。不法領得の意思としては、①権利者を排除して自ら所有権者として振る舞う意思、②物の経済的用法（本来的用法）に従って利用・処分する意思、の2種類があります。

　判例は①・②の双方を要求しています。①の権利者排除意思は使用窃盗の問題で機能します。返還意思があれば所有権者として振る舞う意思がないから犯罪不成立とするのです。とくに一時使用のケースでは、返還意思があるために、財物を行為者が占有することになっても、原則として窃盗罪が成立しないことになります。

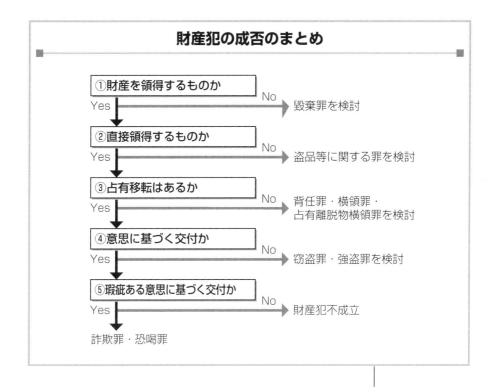

財産犯の成否のまとめ

①財産を領得するものか　—No→　毀棄罪を検討
　↓Yes

②直接領得するものか　—No→　盗品等に関する罪を検討
　↓Yes

③占有移転はあるか　—No→　背任罪・横領罪・占有離脱物横領罪を検討
　↓Yes

④意思に基づく交付か　—No→　窃盗罪・強盗罪を検討
　↓Yes

⑤瑕疵ある意思に基づく交付か　—No→　財産犯不成立
　↓Yes

詐欺罪・恐喝罪

　一方、②の利用処分意思は、毀棄罪と領得罪を区別する際に機能します。返還意思があっても、一定程度の時間利用することによって特定の目的を達成可能な場合などに、不法領得の意思を肯定することができます。なお、②は物の本来的用法に従って利用する意思のない場合を毀棄罪とするのです。

　学説においては、立場が分かれており、不法領得の意思は不要であると考える見解もあります。これに対し、不法領得の意思が必要であると考える見解も、判例のように①・②の双方を要求する見解ばかりではなく、権利者排除意思（①）のみが必要と考える立場や、利用処分意思（②）のみが必要と考える見解に分かれています。利用処分意思のみを求める見解や不法領得の意思不要説は、占有侵害の態様が軽微な一時使用を窃盗罪の処罰対象から除外する目的があると考えられます。

窃盗罪

人の財物を窃取することなどにより成立する罪

■ 窃盗罪の「占有」とは

窃盗罪は、他人の占有する財物をその意思に反して取り去ることを内容とする犯罪です（235条）。「占有」とは、判例の採用する所持説の立場（152ページ）によれば、事実上の占有を指し、支配の事実と支配の意思によって占有の有無が判断されます。具体的には、財物からの時間的・空間的な距離の遠近や、占有者による支配の意思の強弱などで決めるということです。

占有の有無は、ある物について他人が占有をもっているのであれば、それを持ち去ると窃盗罪が成立しますが、その物の占有取得した人がいなければ、これを持ち去っても遺失物横領罪が成立するにとどまるという形で、成立犯罪を区別する効果を持ちます。主に以下の①・②の場合に、占有の有無が問題になります。

① 財物を実際に手に持っている等の場合には、占有は当然認められます。また、仮に自宅内のどこかにあることはわかっていれば、所在を見失っていたとしても、自宅という支配の及ぶ領域内にある物については、占有が認められます。

② これに対し、財物が支配の及ぶ領域内にない場合には、きわめて短時間のうちに支配を及ぼすことが可能であれば、占有が認められます。たとえば、バス停でバスを待っている間に道端に置いておいたバッグを置き忘れてしまい、バスに乗った時点で気づき直ちに引き返した場合には、バッグに対する占有は引き続き持ち主に認められますので、置いてある間に誰かが持ち去った場合には、窃盗罪が成立し得ます。

窃盗の例

万引、空き巣、スリなど。いわゆる泥棒のこと。

**民法における
占有との違い**

民法では、売主Aと買主Bが売買契約を結んだ場合で、BがAに対して売買契約後も目的物を預かるよう頼んだときは、Bは目的物の占有を取得する。これを占有改定という。つまり、Bは目的物を事実上支配していないのに、民法上は占有改定により目的物に対する占有を取得したと扱われる。
しかし、窃盗罪にいう「占有」は、所持説（判例）によると事実的な点をより重視するので、占有改定により占有を取得しても、それは窃盗罪にいう「占有」とは認められない。

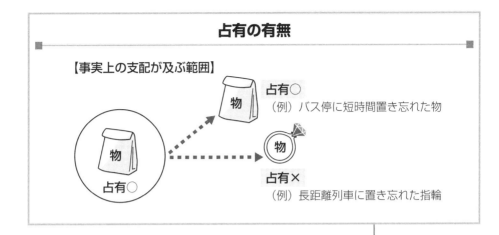

占有の有無

【事実上の支配が及ぶ範囲】

物
占有○

物
占有○
（例）バス停に短時間置き忘れた物

物
占有×
（例）長距離列車に置き忘れた指輪

　一方、支配が及ぼし得ない時間が長期間に及ぶ場合には、その物に対する占有を認めることは困難です。たとえば、Aが、長距離列車の洗面所に指輪を置き忘れて自分の席に戻った後に、洗面所にいったBが、その指輪を見つけてポケットに入れたというケースを考えてみましょう。このケースでは、指輪に対してAの支配が及んでいるとするのは無理があります。あなたがBだとしたら落し物と考えるでしょう。誰の占有にも属さない落とし物なら遺失物等横領罪（254条）ですが、Aの指輪が列車の管理者、つまり車掌の占有下に移ったと考えれば、窃盗罪の可能性が出てきます。

　判例は、通勤列車の網棚に置き忘れた荷物について窃盗罪の成立を否定しています。列車は、「乗客の乗り降りが激しく車掌の支配力が弱い」ことが、判例が窃盗罪の成立を否定した理由として考えられているようです。

■ 死者の占有

　意思がない死者には占有は原則として認められません。たとえば、CがD子を殺害しようと襲いかかり、首を強くしめてD子を死亡させた場合、これに気づいたCは、D子の腕から腕時

計1個を奪って逃走したとしましょう。また、近くの林に隠れてCの行為を見ていたEは、Cが立ち去った後、D子のハンドバッグを持ち去ったとしましょう。このケースで、死亡直後はなお生前に有していた占有を保護するとして、Cについては殺人罪の他に窃盗罪を認めるのが判例・多数説です。一方、Eについては窃盗罪ではなく、遺失物横領罪が成立するにすぎないと考えるのが判例です。結局、「死者の占有」を認めるというよりも、殺害行為との一連性や機会の同一性を根拠に、占有の有無を実質的に判断していくということなのでしょう。

■「窃取」とは

　窃盗罪は窃取したことにより成立する犯罪です。「窃取」とは、占有者の意思に反して、財物を自己または第三者の占有下に移す行為です。単に占有者のもとから財物の占有を離しただけでは、窃取したとはいえません。一方、窃取した物を直接第三者に取得させた場合には、第三者の占有下に移したとして窃取したといい得ると考えられます。

　たとえば、AがBの所有物をBの許可を得ずに、Cに対して売却し、その物をBからCの下へ運び出させたという場合が挙げられます。この場合、A自身は一度もその物の占有を取得していませんが、Aが自分自身で占有を取得した後にCに与えた場合と実体において変わりがありませんので、Aに窃盗罪が成立すると考えられています。

　「窃」という字は「ひそかに」という意味ですが、被害者の面前で公然と奪ってもやはり窃取です。窃取の開始時点で着手があり、被害者が占有を喪失し、行為者が財物を自分の占有下に移した時点で既遂となります。

　なお、窃盗罪は未遂も処罰されます。そのため、単なる窃盗罪の予備行為にすぎないのか（犯罪不成立）、窃盗未遂罪として処罰対象に含まれるのかが、どの時点で区別されるのかが問

親族関係と刑の免除に関する条文

	親族関係	適用される財産犯	条　文
1	配偶者、直系血族、同居の親族との間	窃盗・詐欺・恐喝・背任・横領	§244・§251・§255
2	配偶者との間 直系血族、同居の親族、 直系血族・同居の親族の 配偶者との間	盗品関与	§257

題になります。判例では、たとえば他人の家に侵入して財物を盗み出すケースにおいて、財物を窃取する行為に着手していないとしても、住居に侵入した後に、財物を物色したり財物が入れてあると思われるタンス等の物に近づいた時点で、窃盗未遂罪が成立するとしています。つまり、財物窃取行為と密接関連した行為をした時点で実行の着手があったとします。さらに、窃盗罪の故意として財物を窃取することの認識の他に、不法領得の意思を要求しています。

■ 親族相盗例

「配偶者、直系血族又は同居の親族」との間で窃盗罪などを犯したときは刑が免除され、その他の親族との間であるときは親告罪とする特例があります（244条）。身分関係は、①行為者と占有者との間、②行為者と所有者との間、③行為者と占有者・所有者双方との間、のいずれが必要かをめぐって争いがありますが、判例は③の立場を明確にしています。この特例は、強盗罪・毀棄罪・盗品関与罪を除いた財産犯にも適用されます（251条、255条）。

不法領得の意思

152ページ参照。

親族相盗例における刑の不均衡

本文記載のように、親族相盗例においては、より近しい親族関係について刑の免除（告訴がなくても訴追可能だが刑罰を科さない）としながら、やや遠い親族関係が存在する場合には親告罪（告訴がない限り訴追不可）としているため、親族関係の実態と刑が不均衡であるとの批判が加えられている。

強盗の罪

. . . .

人の財物を強取すること等により成立する罪

■ どんな犯罪なのか

　強盗罪は、暴行・脅迫を加えて他人の財物を強取すること、または財産上不法の利益を得、もしくは他人に得させる犯罪です（236条）。単に財産を害するだけでなく、人の生命・身体への侵害をもたらすので、かなり重い刑が科せられます。なお、不動産が強盗罪の客体になるのか問題になります。少数説は不動産が含まれると考えますが、多数説は、財物の中に不動産は含まれないという立場をとっています。もっとも、財物の中に不動産は含まれないといっても、不動産に対して占有をもつことは、法律上の利益が認められますので、暴行・脅迫により不動産を事実上占有する行為に対しては、「財産上不法の利益」を得ているとして、236条2項によって処罰されることになります。

■ 強盗罪における暴行・脅迫とは

　強盗の手段としての「暴行・脅迫」は、相手の反抗を抑圧するに足りる程度のものであることが必要で、暴行・脅迫がその程度に達しない場合は恐喝罪になります。なお、財物奪取後に取り返されることを防ぐために暴行・脅迫を用いる場合には、事後強盗罪（238条）の成立が考えられます。さらに、暴行・脅迫を行った後に財物奪取の意思が生じた場合は、どのように扱うべきでしょうか。とくに被害者が反抗を抑圧された後に財物を奪取する意思が生まれた場合、さらに暴行・脅迫を加えることが必要になるのかが問題です。

　この点、暴行・脅迫により反抗抑圧状態が作られたというた

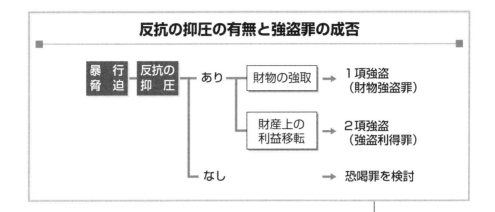

反抗の抑圧の有無と強盗罪の成否

暴 行
脅 迫 → 反抗の
抑 圧 ┬ あり ┬ 財物の強取 → 1項強盗
（財物強盗罪）

└ 財産上の
利益移転 → 2項強盗
（強盗利得罪）

└ なし → 恐喝罪を検討

めには、さらなる暴行・脅迫が必要になります。

「反抗を抑圧する」とは、被害者を「抵抗しても仕方ないな」
という気持ちにさせることをいいます。もっとも、被害者の反
抗を抑圧するに足りるか否かは、客観的に判断しなければなら
ず、暴行・脅迫を受けた者の主観により判断するべきではない
とするのが判例です。したがって、客観的に見て一般人が反抗
を抑圧される程度の暴行・脅迫が行われた場合には、実際に暴
行・脅迫を受けた者が反抗の抑圧された状態に陥らなくても、
強盗未遂罪とはならず、強盗既遂罪が成立するということに留
意しなければなりません。「反抗を抑圧する」かどうかは、暴
行・脅迫自体の強度・態様だけではなく、被害者の人数・性
別・年齢・性格や、犯行の時刻・場所などを考慮して、社会通
念に従って客観的に判断せざるを得ません。

さらに、暴行・脅迫が財物を奪取するための手段として用い
られていない場合には、強盗罪は成立しないことに注意しなけ
ればなりません。被害者の反抗を抑圧する目的で暴行・脅迫が
行われていないためです。たとえば、「ひったくり」は一般に
は暴行罪（または傷害罪）と窃盗罪の併合罪で足りると考えら
れますが、被害者を転倒させてから奪い取る場合などは強盗罪
になると考えられます。

**強盗罪における
暴行・脅迫の程度**

強盗罪においては、暴
行罪や脅迫罪において用いられて
いる脅迫に比べて、強
度のものが要求されて
おり（最狭義の暴行、
最狭義の脅迫）、暴行・
脅迫の程度が異なって
いることに注意が必要
である（120、126ページ）。

かなり判断は微妙ですが、暴行・脅迫が財物を奪い取る手段として用いられていないのであれば、暴行・脅迫を受けた者の反抗を抑圧しているとは言い難いため、「ひったくり」は窃盗罪が成立するにとどまると考えられているのです。ただし、判例においては、「ひったくり」の犯人が盗ろうとした物を離そうとしない持ち主を引きずったまま移動し、その過程で持ち主が転倒した場合には、持ち主の反抗を抑圧するほどの暴行が行われたとして、この場合の「ひったくり」については、強盗罪が成立する余地があると判断しています。

■ 強盗罪における「強取」とは

「強取」とは、暴行・脅迫によって相手方の反抗を抑圧し、相手方の意思に反してその財物を自己または第三者の占有に移すことです。暴行・脅迫により反抗が抑圧された後に、財物を奪取するというような一連の流れが存在していなければなりません。「強取」の言葉からは、強盗を行った者は無理矢理に財物を奪い取ったような行為類型が典型例として想定されますが、裁判例においては、反抗が抑圧された被害者が、自ら進んで財物を行為者に差し出したケースであっても、強盗罪の成立を肯定しています。

もっとも、区別しなければならないのは、被害者が逃走中に財物を落とした場合に、その財物を行為者が盗み取った場合には、被害者の反抗が抑圧されて財物が奪われたというわけではありませんので、強取とは認められず、強盗未遂罪にとどまります。なお、財物を奪い取った後に、暴行・脅迫を行った場合はどのように扱われるのでしょうか。この場合、暴行・脅迫は財物を奪取するための手段ではなく、奪い取った財物を元の占有者に奪還されることを防ぐ目的で加えられているため、事後強盗罪（238条）が成立します（162ページ）。

強取が認められる場合

反抗が抑圧されたことにより被害者が逃亡した後に置き去りにされた財物をとる行為や、反抗抑圧後に被害者が気づかない間に財物をとる行為についても、強盗罪が成立する。

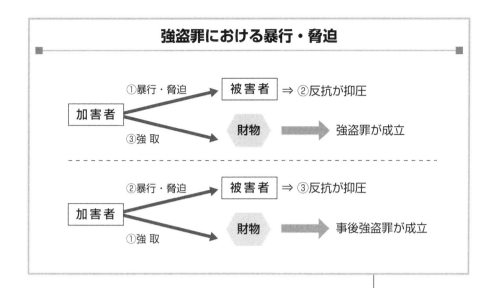

強盗罪における暴行・脅迫

加害者 →①暴行・脅迫→ 被害者 ⇒ ②反抗が抑圧
加害者 →③強取→ 財物 ⇒ 強盗罪が成立

加害者 →②暴行・脅迫→ 被害者 ⇒ ③反抗が抑圧
加害者 →①強取→ 財物 ⇒ 事後強盗罪が成立

■ 強盗利得罪（２項強盗罪）

　暴行・脅迫を用いて、自ら財産上不法の利益を得、または他人にこれを得させた場合は、強盗利得罪が成立します。236条2項に規定されているので、2項強盗罪ともいいます。「財産上の利益」は、有体物以外の財産的価値を持っている権利であって、代金支払義務を免れること（借金、タクシー運賃、飲食代金の踏み倒しなど）が代表例です。これらの利益を不法に得る（得させる）ことで、強盗利得罪が成立します。

　強盗罪は窃盗罪と同じく領得罪ですので、財産上の利益は他人に移転できる性質を持っていなければなりません。強盗罪の成立要件として、財物や利益が元の占有者から離れて、強盗を行った行為者または第三者に移転し、行為者または第三者がその財物や利益を得ている必要があるためです。

　なお、利益の移転に際して被害者の処分行為は不要です。たとえば、店員の反抗を暴行により抑圧して飲食代金を支払わず逃走すれば、店員の「代金は不要です」という意思表示（処分行為）がなくても、強盗利得罪が成立します。

> **不法原因給付物と強盗利得罪**
>
> 民法上保護されない不法原因給付物であっても「財産上の利益」（覚せい剤の返還請求権を免れることなど）に含まれ、これを暴行・脅迫によって得ると強盗利得罪は成立し得る。

事後強盗罪

· ·

事後強盗罪の主体は窃盗罪の犯人

■ 事後強盗罪とは

　強盗罪は、財物を奪い取る手段として暴行・脅迫が用いられる犯罪行為を指しますが、実際には強盗罪とは異なる行為類型であるにもかかわらず、強盗罪として処罰すると規定されている行為類型があります。それが事後強盗罪（238条）です。

　事後強盗罪は、窃盗を行った行為者が、奪った財物を取り返されることを防ぐ目的で、暴行・脅迫に及んだ場合に成立します。また、窃盗犯が逮捕を免れる目的または犯罪の痕跡を消す目的で暴行・脅迫に及んだ場合も同様に、事後強盗罪が成立します。

　事後強盗罪の主体である「窃盗」とは、窃盗罪の犯人（窃盗犯）を指します。なお、ここにいう「窃盗」に強盗罪の犯人（強盗犯）が含まれるか否かについて、学説は対立しています。強盗罪の犯人は含まないと考える立場も主張されていますが、強盗罪が窃盗罪を包含する犯罪行為であると考えると、事後強盗罪における「窃盗」には強盗罪の犯人が含まれると考えることができるという立場も主張されています。

■ 事後強盗の暴行・脅迫

　なお、暴行・脅迫の程度については、強盗罪として処罰される以上、強盗罪におけるのと同程度、具体的には、相手方の反抗を抑圧する程度のものでなければならず、財物の取り返しや逮捕行為を抑圧するに足りる程度のものでなければなりません。

　もっとも、暴行・脅迫の相手方は、窃盗罪の被害者に限定されることはなく、窃盗罪について目撃した人や逮捕等を意図し

事後強盗の共犯

窃盗が行われた後、別の者が暴行・脅迫に関与した場合に成立する罪責の範囲については、争いがある。

まず、①窃盗を身犯と理解した上で、ⓐ刑法65条1項の身分によって構成すべき犯罪（真正身分犯）として事後強盗罪の共犯が成立するとする見解、ⓑ刑法65条2項の身分によってとくに刑の軽重があるとき（不真正身分犯）として暴行・脅迫罪の共犯が成立するとする見解がある。これに対して、②事後強盗罪を窃盗罪と暴行・脅迫罪の結合犯と理解した上で、承継的共犯の問題と考える見解がある。②の見解で、承継的共犯を認めるなら事後強盗罪の共犯、承継的共犯を認めないなら暴行・脅迫罪の共犯が成立することになる。

事後強盗罪

①盗まれた物を奪い返そうとする

②取り返されないように暴行を行う

 窃盗犯

 被害者

【事後強盗罪の成立要件】
「窃盗犯」が
＋
「盗んだ物を取り返されないようにするため」、
「逮捕を免れたり、犯罪の証拠となる痕跡を隠すため」
＋
暴行や脅迫をすること

ている警察官に対して行った暴行・脅迫でも事後強盗罪が成立します。

　さらに、暴行・脅迫は、窃盗の犯行現場または窃盗の機会の継続中に行われたものでなければなりません。窃盗後に天井裏に潜んでいた窃盗犯が3時間後に駆け付けた警察官に暴行を加えたケースで、事後強盗罪の成立を認めた判例があります。その一方で、窃盗現場から200メートル離れた時点で、窃盗とは無関係にパトロール中であった警察官から職務質問を受けて暴行を行ったケースで、事後強盗罪の成立を否定した判例があります。

■ 未遂か既遂か

　事後強盗罪の未遂か既遂かは、先行する窃盗の未遂か既遂かによって決まります。財物の取返しを防ぐことを目的とする事後強盗の場合、窃盗は既遂に達しているので未遂は観念できず、逮捕を免れる目的か罪跡を隠滅する目的の場合にのみ、未遂が観念できることになります。

強盗致死傷罪

事後強盗の機会に人を負傷または死亡させた場合には、たとえ事後強盗罪が未遂であっても、強盗致死傷罪（240条）は成立する。

予備罪の成否

判例は事後強盗の予備罪の成立を肯定しているが、窃盗の予備が不可罰とされていることから、この判例に対する批判は強い。

強盗致死傷罪

強盗罪の法定刑が著しく加重されている

■ どんな犯罪なのか

強盗致死傷罪は、強盗犯人が、強盗の機会に、人を傷害したり（強盗致傷罪）、死亡させた場合（強盗致死罪）を重く処罰する強盗罪の加重類型です。強盗致傷罪は無期または6年以上の懲役、強盗致死罪は死刑または無期懲役刑が科されることから、強盗罪に比べて、はるかに厳しい刑罰が規定されていることがわかります。強盗殺人罪は死刑判決を受けることが多い罪のひとつです。強盗致死傷罪の主体は「強盗」ですが、その強盗が未遂か既遂かは問わず、236条の強盗の他、準強盗（事後強盗罪、昏酔強盗罪）の犯人も含みます。

■ 致死傷はどんな行為から発生する必要があるのか

死亡または傷害の結果は、加害者のいかなる行為から発生したことを必要とするのかが問題になります。この点は、強盗の手段である暴行・脅迫から生じた死傷結果であることを必要とする見解（手段説）と、手段としての暴行・脅迫から直接生じたものであることを必要とせず、「強盗の機会」に生じたものであればよいとする見解（機会説）に分かれており、判例は機会説に立っていると言われています。たとえば、強盗後に逃走しようとした際、追跡してきた被害者に対し暴行を加えて死亡させた事例で、強盗致死罪の成立を肯定しています。

もっとも、機会説では処罰対象が広すぎるため、財物を奪取する手段としての暴行・脅迫から生じた死傷結果であることは必要としないが、強盗の機会に行われた行為のうち、強盗行為

強盗致死傷罪における未遂の意味

強盗致死傷罪における未遂の意味には、注意が必要である。つまり、強盗自体は未遂に終わっても、被害者について死傷の結果が生じているのであれば、強盗致死傷罪は既遂犯として成立することになる。

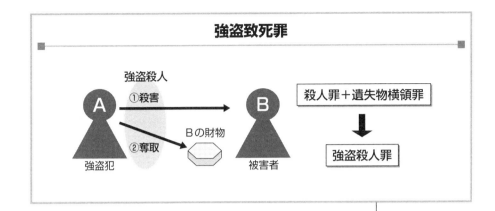

強盗致死罪

強盗殺人
① 殺害
② 奪取

A 強盗犯
B の財物
B 被害者

殺人罪＋遺失物横領罪
↓
強盗殺人罪

と密接な関連性があるものに限定すべきという密接関連性説も主張されています。

死傷の結果は第三者に生じてもよい

死傷の結果が強盗罪の被害者以外の第三者に生じても、強盗致死傷罪が成立する場合がある。

■ 強盗致傷罪における傷害の程度など

　強盗致傷罪においては、とくに生じる傷害がどの程度の場合に成立するのかが問題になります。強盗致傷罪が問題になる場面では、すでに強盗の段階で暴行・脅迫が用いられているため、被害者がある程度の傷害を負っていることが少なくないためです。判例は、傷害罪と同じように傷害の程度を考えるべきとする見解であると言われています。これに対し、傷害罪における傷害よりも限定され、反抗を抑圧する程度の暴行・脅迫に伴って生じる軽度な傷害は、強盗致傷罪の対象からは除かれて、軽度の傷害は強盗罪の成否が検討される場面で評価するべき問題であると考える学説もあります。

　一方、強盗致死罪に関しては、人を殺害した後に財物を奪取する行為は、殺人罪と遺失物等横領罪の併合罪ではなく、強盗殺人罪が成立すると考えられています。この際、どの範囲までの財物の奪取が強盗殺人罪の対象に含まれるのかが問題になります。判例は比較的広く解釈して、時間や場所が殺人の場面と多少異なっていても、強盗殺人罪の適用を認めています。

詐欺罪①

・・

人を欺き財物を交付させること等により成立する罪

■ 詐欺罪にも２項詐欺罪がある

　詐欺罪は、人を欺く行為（欺罔行為）により、その人を錯誤に陥らせ、財物を交付させること（財物詐欺罪）、または自ら財産上の利益を得、もしくは他人にこれを得させること（詐欺利得罪）を内容とする犯罪です（246条）。詐欺利得罪は２項に規定されているので「２項詐欺罪」ともいいます。

■ 詐欺罪はプロセスが大切

　詐欺罪は論点が多いのですが、成立するまでのプロセスをしっかり理解することが大切です。詐欺罪のプロセスのどの段階が問題とされているのかを見失わないようにしてください。

① 欺罔行為（詐欺行為）

　普通の人であれば財物を交付し、または財産上の利益を処分したくなるような気にさせる行為です。言語や動作など手段は問いませんが、社会的に許容される範囲での誇大広告や、商取引上の誇張などは欺罔行為に含まれません。

　不作為による欺罔行為（詐欺行為）もありえます。既往症を隠して保険契約を結ぶことや、釣銭が多いのに気づきながらそのまま受け取ること（つり銭詐欺）がその例です。ただし、受け取った後でつり銭が多いのに気づいたが、そのまま返さないのは欺罔行為がないので、遺失物等横領罪となります。

　なお、欺罔行為は「人」に向けられることが必要なので、機械をだましても詐欺罪は成立しません。たとえば、盗んだキャッシュカードを用いてATMから預金を引き出す行為は、

**個別具体的な
事案の検討**

一般人であれば錯誤に陥ることはない行為でも、個別具体的な事案において、相手方が錯誤に陥ることがもっともであるといえる場合には、なお欺罔行為として認められることがある。

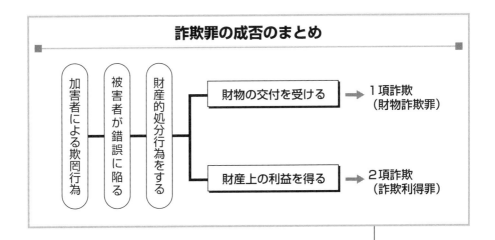

詐欺罪の成否のまとめ

加害者による欺罔行為 ― 被害者が錯誤に陥る ― 財産的処分行為をする

→ 財物の交付を受ける ➡ 1項詐欺（財物詐欺罪）

→ 財産上の利益を得る ➡ 2項詐欺（詐欺利得罪）

正当な預金者であるとATM（機械）をだましているだけなので、詐欺罪は成立しません（窃盗罪が成立します）。

② **欺罔行為によって相手方が錯誤に陥ること**

欺罔行為はあったが、相手方（被詐欺者）が詐欺の事実を見抜いて錯誤に陥らなかった場合は、詐欺未遂にとどまります。

③ **交付行為・処分行為**

交付行為・処分行為は、交付・処分する事実（客観面）と、交付・処分する意思（主観面）からなります。とくに交付行為の有無は、財物詐欺罪と窃盗罪を画する重要な要件です。

④ **処分行為者**

処分行為者（交付・処分行為をする者）には処分権限が必要です。処分行為者は②の相手方とは違う場合もあります。

⑤ **財物・財産上の利益の移転**

処分・交付行為によって、財物の占有や財産上の利益が移転することが必要です。強盗利得罪の場合（161ページ）とは異なり、利益の移転に際して被害者の処分行為が必要です。

⑥ **損害の発生**

詐欺罪はだますこと自体を処罰する犯罪ではありません。条文には明記されていませんが、損害の発生が必要です。

詐欺罪と窃盗罪

本文記載のように、交付行為の有無が、詐欺罪と窃盗罪を区別する作用を持っているが、交付行為が存在することによって、財物の交付が被害者の意思に基づいて行われていることの論拠として、詐欺罪の構成要件要素とされているのである。

処分権限がない場合

登記官は不動産の処分権限がないので、登記官をだまして所有権移転登記をしても詐欺罪は成立しない。

詐欺罪②

■ 自己名義のカードを使用したケース

たとえば、Aは、支払う意思も能力もないのに、B信販会社の自己名義のカードを提示してCデパートで買い物をしました。なお、「支払う意思も能力もない」というのは、代金の口座振替時点で代金分のお金を用意しておくことができず、その気もないというケースで考えてみましょう。

このケースでは、判例は一貫して、被詐欺者・処分行為者・被害者はいずれも加盟店（Cデパート）であるとして、商品を交付させる行為をとらえて1項詐欺罪の成立を認めています。支払意思・能力がないのに、Cデパートに対してそれがあるかのごとく装ってカードを提示する行為が詐欺行為で、Cデパートが錯誤に陥り、商品を交付しているのだ、とするのです。

一方、学説では、信販会社（B信販会社）を被害者とした2項詐欺罪の成立を認めるのが有力です。Cデパートは被詐欺者・処分行為者ではありますが、B信販会社から商品代金の立替払いを受けるので被害は被らず、むしろB信販会社の債権回収が不可能になったのだとするのです。

■ 他人名義のカードを使用したケース

クレジットカードを不正に使用することによって、詐欺罪が成立するのか否かに関しては、上記のように、自己名義のクレジットカードを使用したケースの他に、他人名義のカードを使用する場合も考えられます。たとえば、Dは、事前に窃取しておいたE名義のクレジットカードを使用して、F店（クレジッ

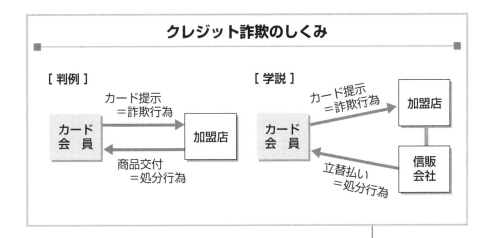

クレジット詐欺のしくみ

[判例]

カード会員 → カード提示＝詐欺行為 → 加盟店

加盟店 → 商品交付＝処分行為 → カード会員

[学説]

カード会員 → カード提示＝詐欺行為 → 加盟店

加盟店 — 信販会社

信販会社 → 立替払い＝処分行為 → カード会員

トカード加盟店）で買い物をしたというケースで考えてみましょう。

この場合、クレジットカードを利用した信用販売取引は、当然のことながら、カード名義人に対して与えられた信用に基づいて成立する取引ということができます。そのため、他人名義のカードを不正に使用したのであれば、他人（E）に与えられた信用を、あたかも自分自身（D）に与えられたかのように装うことであり、それによって、カード使用者が正式な信用取引の主体であると錯誤に陥った加盟店（F店）が商品を交付していることから、加盟店に対する1項詐欺罪の成立が肯定されるといえます。

もっとも、他人名義のカード使用の事例において、詐欺罪が成立することにおいては、ほとんど争いがありませんが、損害を被るのは、本来のカード名義人（E）であるということに注意が必要です。というのも、クレジットカードを窃取等された人が、カード会社に届け出る前には、加盟店はカード会社から商品等の代金相当額の支払いを受けることができるからです。

クレジットカードの不正使用

本文記載のように判例は、加盟店がだまされた者（被欺罔者）であり、商品をだまし取られた被害者であるとして、詐欺罪の成立を認める立場を採っている。その一方で、学説においては、加盟店が被欺罔者、信販会社（カード会社）が被害者であるととらえて、被欺罔者と被害者が異なる、いわゆる三角詐欺のケースであるととらえる立場も主張されている。

恐喝罪

畏怖させることによる財産への侵害行為に対する罪

■ 詐欺罪と恐喝罪

恐喝罪は、犯人が相手方をおどし、怖がった相手方が財物を交付したり、財産上の利益の処分行為をした結果として、犯人または第三者が財物または財産上の利益を受けることによって成立します（249条）。恐喝罪は、手段（畏怖させる）の点で詐欺罪と異なるだけで、その他の点は詐欺罪について述べたことがあてはまります。

■ 恐喝とは

恐喝とは、財物を交付させ、または財産上の利益を提供させる手段として、人を畏怖させる行為をすることです。相手方の意思による処分行為が必要ですから、畏怖させる方法がひどすぎて「反抗を抑圧」したら強盗です。

また、脅迫罪とは異なり、恐喝罪の場合は告知する害悪の対象に制限はありません。たとえば、「恋人を殺すぞ」とおどしても脅迫罪は成立しませんが（128ページ）、「金を出せ、さもないと恋人を殺すぞ」といえば、これにより相手方が畏怖して金を差し出すと恐喝罪です。また、いやがらせをして金を要求する場合でも、その程度がひどく相手が畏怖する程度になれば恐喝罪になります。相手方に告げる内容がそれ自体としては違法なものでなくても、それが相手方の弱みにつけこみ金品を交付させる口実に使われるときは恐喝にあたります。「警察に言うぞ」「訴えてやる」も場合によっては恐喝になります。

恐喝の手段としての暴行

恐喝の手段として、暴行が用いられることもある。つまり、暴行が加えられることにより、さらなる暴行が加えられるかもしれないという強迫観念が、被害者を畏怖させる作用を持つことになる。

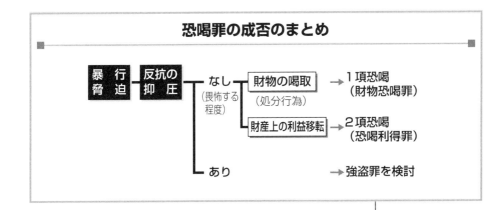

■ 権利行使と恐喝罪

　権利行使が恐喝罪にあたるかは、厳しい消費者金融の取立てなどのケースで問題となります。たとえば、A社がBに対して50万円の貸金債権がある場合、A社の社員CがBに借金の取り立てをする行為は、自分の権利を行使しているのですから、Bをこわがらせても無罪となりそうです。かつての判例は、権利の行使であるから無罪としていましたが（無罪説）、現在の判例は、Bを畏怖させて借金を取り立てれば恐喝罪が成立することを認めています（恐喝罪説）。一方、249条が「不法の利益」とするのを根拠に「正当の利益」の範囲内であれば恐喝罪の成立は否定され、ただBが畏怖した点を重視して脅迫罪の成立は認める見解（脅迫罪説）もあります。

　恐喝罪が成立する範囲について、たとえばCが要求したとおりBが80万円を支払った場合、脅迫罪説は借金の超過分（30万円）についてのみ恐喝罪を認めます。しかし、恐喝罪説は交付した全額（80万円）について恐喝罪を認めます。

　脅迫的言辞を伴う取立行為のすべてが恐喝罪となるのは妥当でないといえますが、すべて無罪とするのもどうでしょうか。手段だけ切り取って脅迫罪とするのも変な話です。強盗して取立行為をしても暴行罪とすればよいとはいえないからです。

横領の罪

他人の財物を不法に領得すること等により成立する罪

■ どんな犯罪なのか

　横領の罪は、他人から委託されて行為者が占有している他人
の財物を不法に領得する委託物横領罪（単純横領罪と業務上横
領罪）と、誰の占有にも属していない財物を勝手に自分のもの
とする遺失物等横領罪のことです。委託物横領罪は、他人の信
頼を破る財産犯として背任罪と共通の性格をもちますが、個々
の財物に対するもの（個別財産に対する罪）である点で、全体
財産に対する罪である背任罪と区別されます。一方、遺失物等
横領罪は「誰の占有にも属さない」財物を領得する犯罪である
点で、委託物横領罪と区別されます。

　横領の罪の保護法益は、第一次的には財物に対する所有権で
あるということができます。刑法が「他人の物」の横領を処罰
していることから、財物の所有権を保護する目的であることは
容易に理解できます。加えて、委託物横領罪の保護法益につい
ては、委託信任関係の保護も挙げることもできます。しかし、
遺失物横領罪は、誰の占有にも属さない財物が客体ですので、
委託信任関係を検討する余地はありません。

■ 単純横領罪

　単純横領罪（252条）は、自分が占有している他人の財物を
横領することによって成立します。友人から借りたカメラを勝
手に売ってしまった場合や、何かを買ってくるように頼まれた
のに預かったお金を使ってしまった場合など、いろいろな形態
があります。横領罪の「横領」の意味については、不法領得の

横領罪のまとめ

横領罪の構成

主　体	客　体	行　為	条　文
占有者	自己の占有する他人の物	横領	§252
業務上の占有者	自己の占有する他人の物	横領	§253
制限なし	占有離脱物	横領	§254

意思を実現する一切の行為であるとする立場が判例・通説です（領得行為説）。具体的には、他人の物を処分する行為（売却、贈与など）の他、抵当権を設定する行為なども含まれます。

　これに対して、委託物横領罪を念頭において、委託の趣旨に反して権限を逸脱する行為が「横領」であるとする立場もあります（越権行為説）。越権行為説によると、他人の物を壊してしまう行為（毀棄）も横領に含まれるおそれがありますが、刑法が横領罪と毀棄罪を区別して規定していることから、越権行為説に対しては批判が強いといえます。

　また、判例・通説の領得行為説を前提とすると、横領の要件として「不法領得の意思」が要求されます。不法領得の意思とは、他人の物の占有者が委託の任務に反して、その物に対する権限がないにもかかわらず、その物の所有者でなければできないような処分をする意思を指します。

　問題となるのは他人の物を「一時使用」する意思の取扱いです。横領は所有者でなければできない処分行為を行うことですので、短期間の一時使用について横領罪を成立させることは困難だといえます。なぜなら、領得行為には不法領得の意思が必要になるわけですが、この不法領得の意思は、他人の物を処分する意思、つまり、その物について、あたかも所有者のように振舞う意思がなければならないためです。一時使用の場合は、

毀棄・隠匿の意思は除外

他人の物を毀棄・隠匿する意思は、通常は所有者でなければできない処分をする意思がないので、横領罪の不法領得の意思から除外されることになる。

行為者は自分がその物の所有者等ではないことを十分に認識しているため、不法領得の意思を欠き、論理的には領得行為を認めることができないことになります。しかし、所有者から貸し与えられていた場合であっても、許可を受けていた期間をはるかに超えて使用する行為は、所有者の許可しない目的物に対する所有物の侵害をもたらす行為といえるため、委託物横領罪が成立すると考えられます。

横領罪とするには、不法領得の意思を実現する行為が客観的に認められることが必要です。たとえば、新聞の集金係が集金したお金を持ったまま、事務所とは正反対の方向に向かう電車に乗った場合、その時点で不法領得の意思が客観的に発現したということができますので、横領罪が成立します。

■ 業務上横領罪

単純横領罪が横領罪の基本類型ですが、業務中に横領を行うと、刑が加重されている業務上横領罪が成立します。業務上横領罪の「業務」とは、社会生活上の地位に基づいて、反復継続して行われる事務のうち、委託を受けて他人の財物を管理・保管する内容を含むものをいいます。商売として人の物を預かる人（質屋、クリーニング屋など）だけでなく、会社のお金を業務上保管する者には、業務上横領罪の適用があります。

なお、本来の業務の中に物の管理等は含まれていませんが、本来の業務に付随して他人の物を管理・保管する事務を担うことがあります。この場合でも、業務上の占有者として認められて業務上横領罪が成立する場合がありますが、物の管理・保管業務と本来の業務との間に深い関連性がなければなりません。

■ 遺失物等横領罪

遺失物等横領罪とは「遺失物、漂流物その他占有を離れた他人の物」（占有離脱物）を横領したときに成立します（254条）。

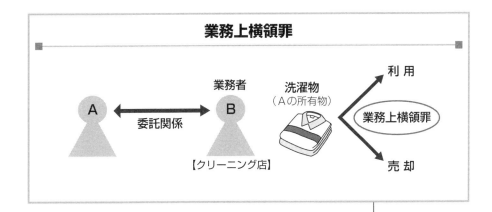

業務上横領罪

業務者

A ←委託関係→ B

【クリーニング店】

洗濯物
（Aの所有物）

→ 利用

業務上横領罪

→ 売却

いわゆる「ネコババ」です。占有離脱物とは、占有者の意思によらないでその占有を離れ、まだ何人の占有にも属していない物をいいます。遺失物（落し物）、漂流物はその例示です。たとえば、落し物を拾ってすぐに交番へ行かずに、自宅に持ち帰る行為が遺失物等横領罪に該当するということができます。

占有離脱物には、委託信任関係に基づかない原因によって占有を取得した他人の財物が含まれます。たとえば、自分の口座に誤って振り込まれてきた金銭や、誤って配達された郵便物などが該当します。これらについて「不法領得の意思」を実現する行為があれば遺失物等横領罪が成立します。

また、遺失物等横領罪は「他人の物」についてのみ成立することに留意が必要です。もっとも、占有を離れた他人の物として遺失物等横領罪が成立するのか、無主物（誰も所有していない物）として遺失物等横領罪の処罰対象から外れるのか、などが問題になるケースがあります。たとえば、ゴルフ場において池の底で沈んでいるロストボールについては、ゴルフ場の管理者の占有が及んでいると考え、これを領得すると窃盗罪が成立すると判断した裁判例があります、これに対して、古墳内にある埋蔵物に関しては、所有者不明の他人の物に該当するとして、遺失物等横領罪の成立が肯定された裁判例があります。

背任罪

任務に背き他人の財産に損害を与える行為に対する罪

■ どんな犯罪なのか

　背任罪は、他人のためにその人の事務を処理している者（事務処理者）が、自分もしくは第三者の利益を図る目的または本人に損害を加える目的（図利加害目的）をもって、その任務に背いた行為（背任行為、任務違背行為）をして、本人に財産上の損害を加えることによって成立します（247条）。たとえば、銀行の支店長が不正な融資によって銀行に損害を与えるような行為がこれにあたります。

　背任罪は、任務に違反する行為により他人の全体財産に損害を与える行為を処罰の対象としているので、委託者と行為者との間の委託関係および個人（委託者）の全体財産が保護法益であるということができます。

■ 背任罪の性質

　背任罪の性質をめぐっては、事務委託を受けた行為者が、与えられた法的な代理権を濫用していることが背任罪であるとする見解（権限濫用説）があります。これに対し、現在の学説の多数説は「背信説」の立場に立っています。つまり、委託関係に違反する財産侵害行為が背任罪であるとする見解です。

　権限濫用説が事務の委託者の財産を侵害する法律行為のみを背任罪の処罰対象に含めるのに対して、背信説は与えられた任務に違反する行為が背任罪の対象となるので、比較的幅広い行為を背任罪の対象に含めることができます。

　もっとも、背信説によると、委託された任務に違反するとい

**会社法上の
背任罪の規定**

背任罪に関しては、会社法960条が特別背任罪の規定を置いており、取締役などが特別背任罪の適用対象となっている。

図利加害目的

自分もしくは第三者の利益を図る（図利）目的または本人に損害を加える（加害）目的のこと。

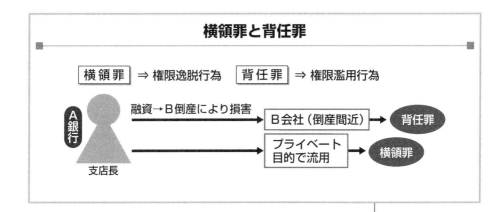

横領罪と背任罪

横領罪 ⇒ 権限逸脱行為　　背任罪 ⇒ 権限濫用行為

A銀行 支店長

融資→B倒産により損害 → B会社（倒産間近） → 背任罪

プライベート目的で流用 → 横領罪

う義務違反が背任罪の処罰根拠になりますので、委託の趣旨に反して他人の物を領得する委託物横領罪と類似した性質を持つことになります（172ページ）。そのため、背任罪と横領罪との区別が重要になります。

■ 背任罪と横領罪との区別

　背任罪と横領罪の形式的な違いとして、横領罪は財物の領得行為を処罰対象としていますので、その他の行為（財産上の利益の取得など）について横領罪は成立せず、背任罪の成否のみが問題となります。

　このように形式的な違いがあるとはいっても、たとえば金銭は背任罪において財産上の利益の典型例として挙げられますが、金銭が財物に含まれると解釈すると、金銭の領得は横領罪の処罰対象になり得ますので、形式的な違いが必ずしも2つの犯罪を区別する指標にはならないといえます。

　そこで、背任罪と横領罪は行為態様によって区別するのが学説の多数説の立場です。これによると、委託関係における与えられた権限を濫用する行為（与えられた範囲でみだりに権限を行使すること）が背任罪として処罰される、ととらえることが可能です。背任罪においては、与えられた権限内での行為が問

題になりますので、横領罪とは異なり、他人の物を自分の所有物であるかのように処分を行う意思（不法領得の意思）が問題になることはありません。つまり、背任罪は与えられた権限に背いて、その権限を濫用することによって成立する犯罪だといえます。これに対して、横領罪は委託関係において許されていない行為、つまり許された権限の範囲を超える行為（権限逸脱行為）をすることで成立する犯罪だといえます。

　たとえば、銀行の支店長が、その銀行が取り扱っている金銭を別の目的に流用したというケースで考えてみましょう。金銭流用が倒産間近の会社に対する融資の実行を目的としていた場合は、支店長が金銭を取り扱う権限を広く与えられていることから、その金銭流用は支店長の権限濫用行為であると考えられ、会社が倒産して銀行に融資の回収不能という損害が発生すると、支店長には背任罪が成立します。一方、金銭流用がプライベート目的である場合には、その金銭流用は権限逸脱行為であると考えられるので、業務上横領罪の成立が問題になります。

■ 背任罪の要件

　背任罪は、①事務処理者が、②図利加害目的で、③背任行為をし、④本人（多くは会社）に財産上の損害を生じさせること、が必要です。

① 事務処理者

　罪を犯すことができる主体は、法律上の信任関係に基づいて「他人のためにその事務を処理する者」です（身分犯）。その地位は法令や契約による他、慣習などによることもできます。会社の取締役、破産管財人、後見人などがその例です。

② 図利加害目的

　故意の内容として、背任行為と損害の発生を認識・認容していることは必要ですが、それに加えて「自己又は第三者が利益を得る目的」（図利目的）、あるいは「本人を害する目的」（加

プライベート目的で試用した場合

なぜなら、プライベート目的で、いくら支店長であっても、銀行の金銭をプライベートの使途で使い込む権限はそもそも認められておらず、このような行為は権限に逸脱する行為だといえるためである。

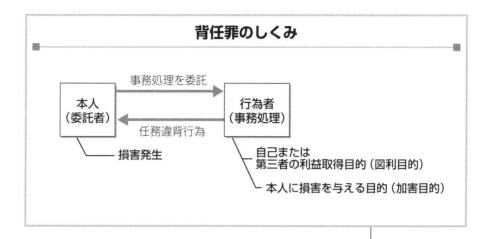

背任罪のしくみ

```
            事務処理を委託
  本人      ───────────▶    行為者
（委託者）   ◀───────────   （事務処理）
             任務違背行為
```

本人（委託者）── 損害発生

行為者（事務処理）── 自己または第三者の利益取得目的（図利目的）
　　　　　　　　 ── 本人に損害を与える目的（加害目的）

害目的）が必要です。たとえば、利益もないのに株式の配当を
することがその例です。

　この要件は、動機が本人（会社など）の利益のためである場
合は処罰しないとする趣旨ですが、たとえば、「不良債権」を
生み出す原因となったような行為（甘い担保査定による融資や、
無謀としかいいようのない莫大な額の融資など）については、
図利加害目的が認められる場合があります。

③　背任行為（任務違背行為）

　背任罪の実行行為である背任行為は、任務に背く行為のこと
を指します。具体的には、誠実な事務処理者として法的に期待
される義務（信義誠実義務）に反する行為をいいます。

④　財産上の損害

　損害は「全体財産の減少」が必要とされています。つまり、
プラスマイナスゼロなら損害はないということです。

　損害の評価については、法的観点によるか経済的観点による
か争われています。不正融資であっても法的に債権は残るから
プラスマイナスゼロとするのが法的観点、不正融資によって現
金は出ていっているから損害はあるとするのが経済的観点です。

盗品等に関する罪

財産犯により領得された物の事後的行為に対する罪

■ どんな犯罪なのか

　たとえば、Aが窃盗により取得した絵画を、Bが無償で譲り受けたとしましょう。このように、財産犯によって取得された財物（盗品等）を無償でもらったり、運んだり、保管しておいたり、買い受けたり、売買を取り次いだ場合には、盗品等に関する罪（盗品関与罪）が成立します。前述の事例におけるAによる窃盗罪のように、盗品等に関する罪の前提となる財産犯を本犯と呼びます。

　盗品等に関する罪が処罰されるのは、個人の財物に対する間接的な侵害行為（被害回復をより困難にさせる行為）にあたるといえるためです。たとえば、盗品等を無償で譲り受ける行為は、本犯を通じて被害者の財物を間接的に侵害するものといえます。また、本犯が取得した利益を運搬や保管等で助けることで、本犯の被害者から財物を遠ざけて、本犯が取得した利益の維持に役立つ行為に加担しているということができます。

■ 盗品等に関する罪の性格

　盗品等に関する罪はどのような犯罪であるかについては、追求権説と違法状態維持説の対立があります。

① 追求権説

　本犯の被害者が、被害にあった盗品等を回復しようとするのを困難にする犯罪だとする見解です。本犯から侵害された財産（盗品等）について関与者の行為があると、被害者は奪われた財産の回復を試みること（追求権を行使すること）がより困難

盗品等に関する罪の保護法益

盗品等に関する罪の保護法益については、本文記載のように、被害者の追求権であると理解されている。もっとも、盗品等有償譲受け罪などが処罰対象にされていることについて、追求権のみで説明することは困難であり、財産犯に関する本犯を助長・促進する作用を禁止する必要性が挙げられることがある。

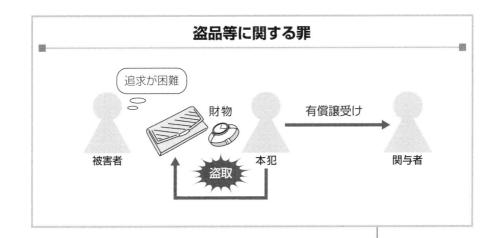

盗品等に関する罪

追求が困難

被害者　財物　有償譲受け　本犯　関与者

盗取

になってしまうため、関与者の行為も処罰対象に入れるべきであるとします。

追求権説に対しては、追求権を最も強く侵害する盗品等の器物損壊が、盗品等に関する罪の処罰対象に含まれていないこととの整合性がとりにくいとの批判があります。

② **違法状態維持説**

本犯を庇護し、本犯の行為によって生じた違法な財産状態を維持・存続させる犯罪だとする見解です。違法状態維持説によれば、追求権者がいない密猟した鳥の譲渡なども、違法な財産状態の維持にあたるとして、盗品等に関する罪の処罰対象に含まれると説明されます。

しかし、盗品等に関する罪の客体は、刑法の条文通り「財産に対する罪に当たる行為によって領得された物」とすべきであるため、財産犯によって領得された物ではない、密猟した鳥などを客体に含めるのは妥当でないとされ、大きく支持されませんでした。したがって、追求権説を基本に考えると、盗品等に関する罪の客体は、追及権を行使することが可能な財産犯に当たる行為によって領得された物である必要があります。

> **判例は追求権説**
> 追求権説は判例が採用する立場と言われており、違法状態維持説よりも、盗品等に関する罪への関与者を処罰する論拠を説明しやすい。

■ 盗品等に関する罪の類型

どのような類型が盗品等に関する罪で処罰されるのかを見ていきましょう。なお、本犯が盗品等の運搬・保管等をしても、新たに追求権を侵害したということができないため、本犯が盗品等関与罪を犯すことはできないとされています。

① 無償譲受け

無償で（タダで）盗品等を譲り受けることです。盗品等をただ単に保管するのとは異なり、関与者が所有権などの盗品等を処分する権限を取得することになります。

② 運搬

本犯より委託を受けて盗品等を移動させることです。盗品等に関する罪は、被害者の追求権行使を困難にする作用をもっていなければなりませんが、追求を困難にしない場合（被害者宅への運搬など）でも盗品等運搬罪が成立することもあります。

③ 保管

盗品等の占有を取得して管理することです。盗品等を保管する取決めを行うだけでは足りず、盗品等を実際に関与者のところに移転する必要があります。また、預かった当初は盗品であるのを知らなかった場合でも、盗品であるのを知った後もなお保管を続けているのであれば「保管」にあたり処罰されます。

④ 有償譲り受け

有償で盗品等を取得することです。重要なのは譲り受けた人が、盗品等の処分する権限を取得することです。有償譲受けの法形式に限定はなく、売買・交換いずれも処罰対象です。

⑤ 有償処分あっせん

盗品等を有償で処分するにあたり、直接の関与者にはならず、処分の仲介を果たすことです。あっせん行為は有償か無償かを問わず、あっせん行為をした時点で有償処分あっせん罪が成立します。つまり、あっせん行為の後に売買契約が最終的に結ばれなかったとしても、有償処分あっせん罪の成立を妨げること

盗品を所有者宅に運搬した場合

所有者との間で、盗品を返還することを条件に、所有者から多額の金銭を得るために、盗品を所有者の自宅に運搬したケースにおいて、盗品等運搬罪の成立が認められている。盗品を所有者に近づける行為であるため、追求を容易にしている反面、金銭の支払いを要求していることで、本犯の利益を維持する効果が認められるため、盗品等運搬罪が成立するということである。

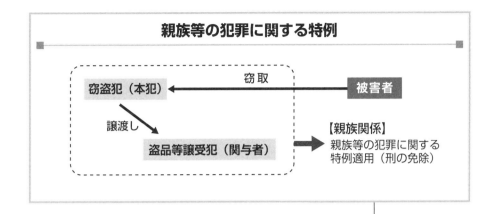

親族等の犯罪に関する特例

窃盗犯（本犯） ←──── 窃取 ──── 被害者

譲渡し↓

盗品等譲受犯（関与者） ──→ 【親族関係】
親族等の犯罪に関する
特例適用（刑の免除）

はありません。また、盗品の所有者（被害者）を相手にあっせ
ん行為を行うことも処罰対象に含まれます。追求権説の立場に
よれば、追及を困難にしていないため、処罰対象から除くべき
とも考えられますが、本犯の利益を維持する作用をもっている
ため、あっせん行為として処罰されることになります。

■ 親族間の特例とは

　盗品関与罪に関する親族間の特例（257条）では、親族相盗
例とは異なり、直系血族の配偶者や同居親族の配偶者との間で
行われた場合も、刑が免除されます。

親族相盗例
157ページ参照。

　刑が免除される根拠は「法は家庭に入らず」「期待可能性の
減少」などが挙げられていますが、問題は親族関係が誰との間
で必要かということです。①盗品関与罪の犯人と本犯との間に
必要とする説と、②盗品関与罪の犯人と被害者との間に必要と
する説が対立しています。盗品等に関する罪について、判例は
追求権説に立っていますので、追求権の侵害という側面が和ら
ぐことから刑の免除を説明するとなると、被害者と盗品関与罪
の犯人との間に、親族関係が必要になるはずです。しかし、犯
人と被害者との間に親族関係があることは非常に少ないので、
判例は①の立場をとっています。

毀棄・隠匿の罪

他人の財物の効用や利用を妨げる行為に対する罪

■ 毀棄・隠匿の罪の類型

**毀棄についての
注意点**

毀棄はその物自体を無
にする行為も含まれる
ので、個人の財産に対
する侵害の程度は決し
て小さくないというこ
とに注意が必要である。

　毀棄・隠匿の罪として、刑法は公用文書等毀棄罪（258条）、私用文書等毀棄罪（259条）、建造物等損壊罪（260条）、器物損壊罪（261条、動物傷害罪を含む）、境界損壊罪（262条の２）、信書隠匿罪（263条）を規定しています。毀棄・隠匿の罪は、他の財産犯が領得行為を処罰するのに対して、財産の効用を失わせる行為を処罰するものです。窃盗罪などをはじめとする、他の財産犯に比べて法定刑は低く規定されています。

■ 毀棄・隠匿の罪

信書とは

特定の人から特定の人
に対して意思を伝達す
るために当てられた文
書をいう。

　毀棄・隠匿の罪の「毀棄」とは、物の本来の効用を害するすべての行為を指します。壊す、破る、丸める、消す、グチャグチャにするなどがその例です。「損壊」も同じような意味で、穴をあける、崩す、埋めてあるのを掘り起こすなどがあたります。暴走族の見苦しい落書きも損壊です。また、「傷害」とは、とくに動物に対しての行為で、最近よく耳にする忌まわしい動物虐待は動物傷害罪で処罰されます。

　毀棄の意義について、物理的な損壊を要求するという立場もあります（物理的損壊説）。ただ、財物の物理的損壊のみでは不十分な場合があります。たとえば、食器に放尿するような例が挙げられます。仮に放尿された食器であっても、食器の物理的な損壊を認めることはできない場合には、毀棄罪の成立を認めることができません。しかし、食器に放尿された場合には、心理的に使用不可能に感じるのが一般的といえ、食器としての

毀棄罪のまとめ

毀棄罪の構成

	客　体	行　為	条　文
①	公用文書・電磁的記録	毀棄	§258
②	私用文書・電磁的記録	毀棄	§259
③	建造物・艦船	損壊	§260
④	③の致死傷		§260
⑤	①〜③以外・動物	損壊・傷害	§261
⑥	自己の②・③・⑤	損壊・傷・③の致死傷	§262
⑦	境界標	損壊・移動・除去	§262の2
⑧	信書	隠匿	§263

効用が失われているといえます。そこで、判例や通説の立場は、前述のとおり物の効用を侵害する行為を指して「毀棄」と呼んでいます（効用侵害説）。

　客体もいろいろあります。公用文書等毀棄罪に挙げられている公用文書とは、役所で使用または保管している文書のことです。私用文書等毀棄罪の客体である「権利または義務に関する他人の文書」とは、他人の所有する文書で、広く公用文書以外の文書が含まれます。

　また、損壊についても、建造物・艦船の物理的な損壊だけでなく、効用を害する行為が一般的に含まれます。刑法は建造物等損壊罪と器物損壊罪を規定しています。なお、器物損壊罪においては、ありとあらゆる他人の物が「器物」に含まれるところ、生きた動物も「器物」と扱われることに注意が必要です。そして信書隠匿罪は、他人の信書を隠匿した場合に成立する犯罪です。毀棄に関する効用喪失説の立場からは、隠匿も毀棄の一類型ということができます。

器物損壊罪の「器物」

器物損壊罪の客体とである器物は、公用文書等毀棄罪、私用文書等毀棄罪、建造物等損壊罪の客体を除いたあらゆる他人の物を指す。

Column

強盗・不同意性交等および同致死罪

　もともと241条には強盗罪の加重類型として「強盗強姦及び同致死罪」が設けられていました。これは強盗が犯された機会に被害者が女性の場合には、女性の貞操侵害が起きやすいことから設けられた犯罪でした。強盗強姦罪の刑は無期又は7年以上の懲役、死亡させた場合は死刑又は無期懲役と重い法定刑が定められていました。

　平成29年（2017年）改正によって、「強姦罪」が「強制性交等罪」に改められたことに伴い、241条の「強盗強姦及び同致死罪」も「強盗・強制性交等及び同致死罪」に改正されましたが、さらに、令和5年改正によって、「強制性交等罪」が「不同意性交等罪」に改められたことから「強盗・不同意性交等及び同致死罪」となりました。

　この罪は、強盗又はその未遂を犯した者が不同意性交等又はその未遂を犯した場合、もしくは、その逆に、不同意性交等又はその未遂を犯した者が強盗又はその未遂を犯した場合のいずれも同等に罰する罪であり、法定刑は無期又は7年以上の懲役で、死亡させた場合は死刑又は無期懲役と厳罰をもって臨んでいます。

　ただし、このように重い法定刑を定めてはいますが、強盗と不同意性交のいずれもが未遂に終わった場合（いわゆる障害未遂）には、死傷の結果が生じていないことを条件に、刑を任意的に減軽できると定めています。さらに、行為者が自己の意思により強盗、不同意性交等いずれかの犯罪を中止した場合（中止未遂）には、刑を必要的に減軽又は免除するものと定めています。

　障害未遂にしても中止未遂にしても、これら刑の減軽又は免除の規定が設けられているのは、被害者の財産と性的自由を守る点にその趣旨があります。

PART 7

刑法各論③
【社会的法益】

放火および失火の罪

不特定多数の人の法益への火力による侵害に対する罪

■ どんな罪なのか

　火災には、単に個人の財産を侵害するだけではなく、多くの人々の生命・身体・財産に対して不測の損害を与える危険があります。そこで、放火・失火の罪は、個人の財産を侵害する罪と区別されて、不特定または多数の人の生命・身体・財産の安全をおびやかす犯罪（公共危険罪）とされています。

　犯罪の中には、法益侵害が現実に発生しなくても、その危険が生じれば処罰されるものがあります。これを危険犯といいます。放火・失火の罪はその典型です。危険犯は、条文上危険の発生が犯罪成立の要件とされている具体的危険犯と、一般的に法益侵害の危険があれば犯罪が成立する抽象的危険犯に区別されます。放火・失火の罪においては、具体的危険犯は放火・失火によって「公共の危険」が発生することが必要となるのに対し、抽象的危険犯は「公共の危険」の発生を必要としない（放火・失火に抽象的な危険があるとみなされる）という違いがあります（次ページ図）。

　ここで「公共の危険」とは、不特定または多数の人の生命、身体、重要な財産に対する危険をいい、他の建造物に延焼する（燃え移る）であろうと一般人が思う程度の状態です。

　なお、具体的危険犯は「公共の危険」が構成要件になっています（条文にある）ので、公共の危険の認識がなければ故意が欠けることになりそうです。学説の大勢はそうなのですが、判例は公共の危険の認識は不要としています。

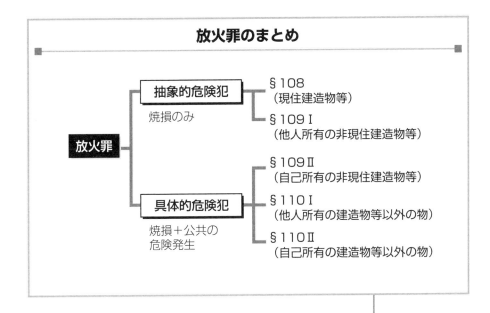

放火罪のまとめ

```
放火罪 ─┬─ 抽象的危険犯 ─┬─ §108
        │   焼損のみ       │   （現住建造物等）
        │                  └─ §109 I
        │                      （他人所有の非現住建造物等）
        │
        └─ 具体的危険犯 ─┬─ §109 II
            焼損＋公共の   │   （自己所有の非現住建造物等）
            危険発生       ├─ §110 I
                          │   （他人所有の建造物等以外の物）
                          └─ §110 II
                              （自己所有の建造物等以外の物）
```

■ 燃え上がる炎のゆくえ

　放火罪が既遂となるためには、単に火をつけただけでは足りず、それによって目的物が「焼損」したことが必要です。そこで、焼損の意味が争われていますが、①火が媒介物である燃料を離れて目的物に燃え移り、独立して燃焼を続ける状態に達すれば焼損になるとする独立燃焼説、②火力によって目的の重要な部分が焼失し、その効用がなくなって初めて焼損になるとする効用喪失説、③物の重要部分が燃焼し始めたときに焼損となるとする燃え上がり説があります。

　たとえば、家屋の屋根裏に火をつけた場合、独立燃焼説によると、火が屋根の裏板に移って燃えはじめた時点で放火罪が既遂になります。一方、効用喪失説によると、屋根が焼け落ちて建物の重要な機能が失われなければ焼損といえませんから、それ以前の段階では未遂となります。燃え上がり説によると、火が屋根からぬけて燃え上がった時点で放火罪は既遂となります。

【判例の立場】

焼損の意味について、判例は一貫して独立燃焼説の立場である。

通貨・有価証券などの偽造罪

通貨等の公共的信用を侵害する行為に対する罪

■ どんな罪なのか

　現在のように複雑化した取引社会においては、その決済手段である通貨や有価証券等が真正なものであるという信用に基づいて、さまざまな取引が展開されています。仮に、通貨等の信用が損なわれるような結果になれば、取引社会の前提が崩れ去ることになり、取引によって成立している現代社会のあらゆる活動が成り立たなくなってしまいます。

　そこで、刑法は、取引に用いられる手段の公共的信用を保護するために、通貨・文書・有価証券・支払用カード電磁的記録・印章についての偽造・変造を処罰しています。

■ 通貨偽造の罪

　通貨偽造罪は、行使する目的で、強制通用力のある貨幣・紙幣・銀行券を偽造または変造した場合に成立する犯罪です。真正でない通貨は、それが流通することで通貨に対する公共的信用が失墜し、貨幣経済の根底を揺るがすことから、行使の目的を犯罪成立要件として定めています。なお、行使の目的については、他人に使用させる目的でもよいと考えられています。

　「偽造」とは、作成権限がない者が、通貨に類似した外観のものを作成することをいいます。つまり、勝手に通貨とソックリなものを作ることです。一般人が本物の通貨だと誤信する程度のものでなければ、単なる「模造」にすぎず、通貨偽造罪は成立しません。一般人が真正な通貨と誤認する程度に至っていなければ、通貨偽造罪は未遂となります。

行使の目的がない場合

「子ども銀行券」や「見本」と印刷してあるものは、真正な通貨として使う目的がないので、通貨偽造罪は成立しない。

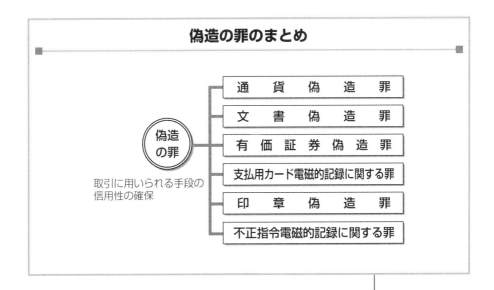

偽造の罪のまとめ

偽造の罪 ── 取引に用いられる手段の信用性の確保

- 通 貨 偽 造 罪
- 文 書 偽 造 罪
- 有 価 証 券 偽 造 罪
- 支払用カード電磁的記録に関する罪
- 印 章 偽 造 罪
- 不正指令電磁的記録に関する罪

これに対し、「変造」とは、権限がない者が、真正な通貨に加工などを加えることで、通貨に類似した外観の物を作成することをいいます。本物のお金に手を加えて、通貨らしいものを作ることです。なお、真正の通貨の同一性を失わせた場合には、変造ではなく偽造にあたることになります。

「行使の目的」とは、真正の通貨として作成したものを使用する（流通に置く）目的のことです。

そして、実際に偽造・変造通貨を行使し、行使の目的で交付し、または輸入すると、偽造通貨行使罪が成立します。交付とは、偽造・変造した通貨であるのを告げた相手、または偽造・変造の事実を知っている相手に対して、偽造・変造通貨を手渡すことです。輸入とは、偽造・変造通貨を日本国内に搬入することです。なお、偽造通貨を用いて商品を購入する行為について、偽造通貨行使罪の他に詐欺罪も成立するとの見解もありますが、判例は偽造通貨行使罪のみが成立する（詐欺罪は吸収される）との見解に立っています。

行使とは

行使とは、偽造した通貨を流通に置くことを意味する。店頭などで人に対して行使されることが多いといえる。

■ 支払用の磁気カードに関する罪

今日の私達の社会では、クレジットカード、電子マネーが記録されたカード、銀行や郵便局のキャッシュカードなど、多くの磁気カードが利用されています。もし不正に作り出されたカードが市場に出回って、本物のカードと同じように使用されたとすれば、経済秩序に大きな混乱を招くことになります。

このような混乱を回避し、社会におけるカードの信頼性や有用性を保つための刑法の規定が「支払用カード電磁的記録に関する罪」です。この規定によって処罰される行為は、人の財産上の事務処理を誤らせる目的で、①磁気カードを不正作出すること（電磁的記録を不正に作り出すこと）、②不正作出された磁気カードを供用すること、③不正作出された磁気カードを譲り渡し、貸し渡し、輸入すること、④不正作出された磁気カードを所持すること、⑤不正作出のための準備をすること（不正な電磁的記録を取得・保管をすること）です。たとえば、クレジットカードを不正にスキャニングしたり、プリペイドカードの利用可能金額を改ざんしたりする行為が処罰されます。

本罪においては、磁気カードのうち、主にクレジットカードのような代金または料金を支払う目的で用いるカード（支払用カード）の不正作出と、預貯金の引出用カードを不正作出することを処罰の対象としています。

なお、本罪の成立が認められるためには、支払用カード・引出用カードともに、単に不正作出するのみでは足りず、人の財産上の事務処理を誤らせる目的を持っていることが必要です。これらのカードが通貨・有価証券と同様の機能を果たすことから、そのような機能を発揮する局面である、財産上の事務処理がなされる場面で行使する目的がある場合に処罰範囲を限定したものということができます。

不正作出

権限がないのに、または権限を濫用して、記録媒体の上に、電磁的記録が存在するかのような状態を作り上げることである。

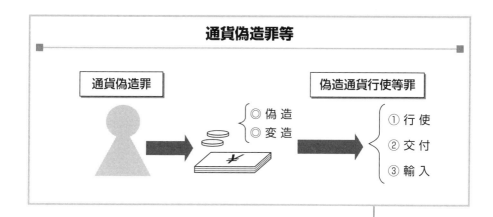

通貨偽造罪等

通貨偽造罪 → ◎ 偽 造 ／ ◎ 変 造 → 偽造通貨行使等罪 ① 行 使 ② 交 付 ③ 輸 入

■ 有価証券偽造の罪

　株式会社の株券などの有価証券は、財産権を表示したものとして、公共的な信用力が高いため、その信用を保護する必要性が高いことから、文書偽造罪（次ページ）の特別規定として、有価証券偽造罪を規定しています。有価証券に関する罪は、その態様に応じて、①有価証券偽造罪、②有価証券虚偽記入罪、③偽造有価証券行使罪があります。

　有価証券とは、財産上の権利が証券に表示されていて、その表示された権利の行使または処分につき証券の占有を必要とするものをいいます。このことから、有価証券にも「文書性」が要求されることになります。有価証券偽造罪における偽造や変造は、文書偽造罪におけるのと同様であり（195ページ）、作成権限がない者が、他人名義の有価証券を作成し（偽造）、または既存の有価証券を改ざん（変造）したことを指します。

　なお、虚偽記入に関しては、振出行為などの基本的証券行為や裏書や引受けといった付随的証券行為について、作成権限がある者が、内容不正の有価証券を作成すること（無形偽造）であると考えるのが判例の立場です。

有価証券に当たらない物

財産上の権利が表されていないとして、有価証券であることが否定された物の例として、預金通帳や手荷物預かり証などがある。

刑法における有価証券の扱い

刑法は、有価証券も文書の特殊なものとして文書偽造罪の後に規定を置いている。

文書偽造の罪

文書の信用を侵害する罪

■ どんな罪なのか

現在の私たちの社会生活において、文書のもつ役割は非常に大きいものがあります。法律的な権利義務関係についてはもちろん、各種の経済取引をはじめとして、社会生活における重要な事実関係については、文書によってその存在が示され、証明されるのが一般です。これは、ひとえに文書に対する社会一般の信頼が高いことによります。

そこで刑法は、文書の信用を害する行為を処罰し、文書に対する社会一般の信用を保護しようとしています。文書偽造の罪は、文書を公文書と私文書に大別し、それぞれについて文書を偽造・変造する行為と、偽造・変造文書の行使を処罰しています。

■ 文書の意味

文書偽造の罪における「文書」とは、文字またはこれに代わるべき符号を用い、ある程度持続的に存続することのできる状態で、意思または観念の表示をしたものをいいます。文書に該当するか否かを決定する上で重要なポイントを見ていきましょう。

・読むことができること

文書として認められるのは、読むことができる状態で、一定程度の期間、固定されている必要があります。砂浜の上に書いたようなものは除かれますが、黒板にチョークで書いたものは含まれます。また、音声・映像によるものは文書ではなく、目に見えるものに限られます。したがって、音声・映像のデータやテープに録音・録画されたものなどは文書に含まれません。

文書の信用力

文書偽造罪においては、文書のもつ公共的な信用力が保護法益とされている。文書の信用性というとき、一般的な信用だけでなく、文書のもつ証拠力としての信用性が合わせて考慮されることがある点に注意が必要である。

文書とは

【文書と認められるためには】

1 読むことができること　　　　　　⇒ 一定の期間固定されている

2 意思や観念が表示されていること　　⇒ 一定の意味がある

3 作成名義人が存在し認識可能であること ⇒ 作成者が存在する

・意思や観念が表示されていること

　文書として認められるには、意思や観念といった一定の意味
を持っていることが必要です。文字以外の符号で書かれていて
も、意味を持つものは文書にあたります。

・作成名義人が存在し認識可能であること

　文書は人の意思や観念を表示したものですので、作成者が存
在しなければ保護の対象に含まれません。作成者を直接記載し
ていなくても、書式や内容から特定できる場合は、文書として
認められます。

■ 偽造と変造の意味

　偽造は、虚偽の文書を作成することをいいます。そして、有
形偽造と無形偽造に分類できます。有形偽造とは、作成権限の
ない者が、他人名義を冒用して（勝手に使って）文書を作成す
る行為をいいます。一方、無形偽造とは、作成権限のある者が、
内容的に虚偽の文書を作成する行為をいいます。文書偽造罪に
おける文書は、作成名義人が明らかでなければなりません。有
形偽造が文書の名義における虚偽で、無形偽造が文書の内容に
おける虚偽といえます。

　これに対し、偽造と区別するべき概念として「変造」という

形式主義

刑法は文書の成立の真
正さを保護するため、
有形偽造を処罰するこ
とを原則としている。
この考え方を形式主義
という。一方、原則と
して無形偽造を処罰対
象に入れて、文書の内
容における真正さを保
護しようという考え方
を実質主義という。
なお、とくに内容に真
正さが求められる文書
については、無形偽造
が処罰の対象になる規
定が置かれている。

ものがあります。変造とは、すでに成立している文書に対して、変更を施すことをいいます。そして、偽造と同様に、権限なく行われる場合を有形変造といい、権限がある者が行う場合を無形変造と呼びます。

■ コピーの文書性

　文書偽造罪に関しては、原本のコピーが「文書」にあたるかが問題とされています。まず、原本をコピーして「これが原本です」と偽るのは、有形偽造にあたるので文書偽造罪です。問題となるのは、原本のコピーを「これは原本のコピーです」と偽るときも、文書偽造罪が成立するかという点です。

　原本のコピーは、コピーの作成者の意思が入り込む余地があることから、その作成名義人は「コピーの作成者」と考えるべきであって、コピーに作成名義人が表示されていないので、コピーは文書にあたらず、文書偽造罪は成立しないとする見解もあります。しかし、原本のコピーの作成名義人は「原本の作成者」であるとして、コピーに作成名義人が表示されているから、コピーも文書にあたり、文書偽造罪の成立が認められるとするのが判例です。

　原本のコピーは、原本の内容を正確に再現しているという外観があるので（コピー作成者の意思が入り込む余地が非常に少ない）、あくまでも原本作成者の意思が示された文書であって、原本と同程度の社会的機能と信用性を持っているので、文書としての信用を保護する必要性が高いといえるからです。

■ 有形偽造に対する処罰

有形偽造に対する処罰について

有形偽造罪が成立するためには、その文書が真正なものであるという外観が存在していることも必要である。

　有形偽造は作成名義人を偽る行為をいいますが、有形偽造が処罰される根拠については、作成名義人と作成者（実際に文書を作成した人）の同一性に食い違いが生じることが挙げられます。そこで、作成名義人や作成者はどのように確定するのかが

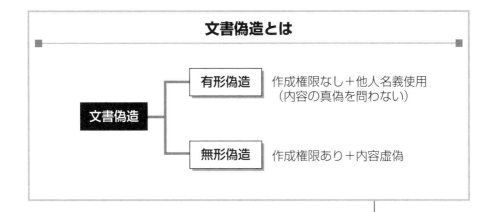

文書偽造とは

文書偽造
- 有形偽造 — 作成権限なし＋他人名義使用（内容の真偽を問わない）
- 無形偽造 — 作成権限あり＋内容虚偽

問題となります。

　文書の作成者については、①物理的に文書を作成した人を作成者と考える事実説、②文書に表示された意思や観念を本来的に表している人を作成者と考える意思説、③文書の法的効果が帰属する人を作成者と考える効果説が主張されています。

　文書が意思や観念を表示するものである以上、その効果が重要ですので、効果説に立って意思や観念が帰属する人が作成者であると考えるべきだといえます。そうすると、意思や観念が帰属する人（作成者）と、文書上から認識できる作成者（作成名義人）とが食い違っている状態が有形偽造である、と考えることになります。

　有形偽造に関する刑罰として、公文書偽造罪・変造罪、私文書偽造罪・変造罪が規定されています。公務所や公務員が作成する文書を公文書といい、一般に信用性が高いため、私文書偽造罪・変造罪よりも重い法定刑が定められています。また、公文書は内容の真正さも重要ですので、公文書の無形偽造を処罰するために虚偽公文書作成等罪が規定されています。一方、私文書については、虚偽診断書等作成罪が、医師が公務所に提出等する診断書等について、例外的に無形偽造を処罰する規定を設けています。

公務所

刑法では「官公庁その他公務員が職務を行う所」（7条2項）と定義されている。

わいせつの罪

性秩序・健全な性風俗を侵害する罪

■ どんな罪なのか

刑法は、国民の倫理・道徳・宗教感情に関する犯罪類型を規定しています。わいせつ・強制性交等・重婚・賭博・富くじ・礼拝所・墳墓に関する罪がそれです。わいせつ・強制性交等の罪を除けば、ポピュラーな犯罪類型ではありませんが、深くつっこんで考えると、「法と道徳・倫理・宗教」との問題や表現の自由との関わり、個人の博打はご法度なのに、国が胴元となる博打はなぜ許されるのかなど、かなり難しい問題が出てきます。

わいせつの罪は、これまで、国民の善良な性風俗を保護法益とするとされてきました。しかし、何が「善良な性風俗」なのか必ずしも明確ではない上、特定の倫理観を刑罰によって強制することになるのではないかと批判も強く、わいせつの罪を国民の性的感情を侵害する行為と捉え直す見解も有力です。

■ わいせつの定義

「わいせつ」とは、①いたずらに性欲を興奮または刺激させることで、②一般人の正常な性的羞恥心を害し、③善良な性的道義観念に反するもの、とされています。

当然のことながら、わいせつの程度というのは、時代の変化とともに変わります。そのことは最高裁も認めています。

また、芸術作品（小説や映画など）では、問題となる箇所だけを取り上げるのではなく、作品全体の芸術性・思想性や、販売・広告の方法など周辺事情との関連も含めて、わいせつ性の

「わいせつ」とは

わいせつ
①いたずらに性欲を興奮または刺激させる ┐
②一般人の正常な性的羞恥心を害する ──────→ 不明確
③善良な性的道義観念に反する ──────────→ 時代とともに変化

芸術性・思想性との相対評価

有無を判断すべきとしています（相対的わいせつ文書の理論）。

■ 公然わいせつ罪、わいせつ物頒布罪

公然わいせつ罪とは、わいせつな行為を「公然」（不特定または多数人の認識しうる状態をいい、実際に認識されているか否かは問いません）とすることです。

わいせつ物頒布等罪とは、わいせつな文書・図画・電磁的記録を頒布する行為や、公然と陳列する行為（公然陳列）のことです。また、有償で頒布する目的でわいせつ物を所持する行為は、わいせつ物所持罪にあたります。

文書とは小説などですが、「図画」となると範囲が広くなり、絵画・写真・映画・ビデオなどを含みます。モザイク処理がほどこしてあるわいせつ画像については、それによってわいせつ部分が隠されている場合、わいせつ性が認識できないためにわいせつ物ではないと判断される場合もあります。

また、有償で頒布する予定で、さまざまな媒体にわいせつな画像などを所持しておく行為は、わいせつ物所持罪に該当します。単純にわいせつ物を手元に置いておく目的（単純所持目的）だけでは処罰されません。たとえば、わいせつビデオをレンタルするのは「頒布」になります。そして、わいせつな画像などを並べて展示するのが「公然陳列」の典型です。

頒布
販売・賃貸・贈与などの方法で、不特定または多数の人に交付すること。

コンピュータウイルスに関する罪

　私達の仕事から日常生活に至るまで、コンピュータ・ネットワークにおける安全性は必要不可欠となっています。その反面、日々新たなコンピュータ・ウイルス（不正指令電磁的記録）によるデータの不正取得は社会問題にもなっています。そのため、平成23年（2011年）に刑法は第19章の2を新設し、「不正指令電磁的記録に関する罪」を規定しました。

　コンピュータ・ウイルスは、個々人のコンピュータシステムに損害を与えるだけでなく、社会一般に広く重大な損害を与えることになるため、本罪の保護法益はコンピュータ・ネットワークに対する信頼であり、社会的法益ということになります。なお、個々人のコンピュータに対しては234条の2の電子計算機損壊等業務妨害罪が成立することになります。

　本罪は、①不正指令電磁的記録作成・提供罪（168条の2第1項）、②不正指令電磁的記録供用罪（168条の2第2項）、③不正指令電磁的記録取得・保管罪（168条の3）によって構成されており、すべて目的犯です。

　①の罪は、正当な理由がないのに、他人のコンピュータ（スマートフォン、携帯電話、サーバーなども含みます）で実行させる目的で、ウイルスを作成したり、第三者（ウイルスであることを知っている第三者に限ります）に提供する行為を処罰するものです。不正電磁的記録として機能し得る状態になったとき、既遂に達します。

　②の罪は、正当な理由がないのに、ウイルスを第三者（ウイルスであるのを知らない第三者に限ります）のコンピュータで実行できる状態に置く行為を処罰するものです。つまり、ウイルスをコンピュータにインストールして作動させる行為だけでなく、ウイルスを電子メールに添付して送信する行為なども処罰対象に含まれます。

　③の罪は、正当な理由がないのに、他人のコンピュータで実行させる目的で、ウイルスを取得・保管する行為を処罰するものです。

PART 8

刑法各論④
【国家的法益】

公務の執行を妨害する罪

公務の作用を侵害する罪

■ どんな罪なのか

警察官が職務質問しているといきなり暴言を浴びせたり、「税務署には恨みがあるんだ」といって職員に暴行を加えるようなことがあってはなりません。こういうことがまかり通ってしまうと、国家のさまざまな作用が混とんとしてしまいます。刑法は、公務が公正かつ円滑に行われるように、それを外部から妨害するような行為に対して処罰を規定しています。これは公務員自身を保護するものではなくて、公務を保護するものです。

公務とは、国または地方公共団体の事務のことをいいます。その対象は日本国内での公務に限られることになります。

■ 公務執行妨害罪

公務員が職務を執行するにあたって、これに暴行を加えたり、脅迫を加える犯罪が（狭義の）公務執行妨害罪（95条）です。公務執行妨害罪は、公務という国家作用を広く一般的に保護する規定を設けています。公務執行妨害罪の客体である公務員とは、国または地方公共団体の職員、その他公務に従事する議員、委員等をいいます。国や各都道府県や市町村における職員はもちろん、国会や地方議会の議員、非常勤の職員（審議会における委員など）に至るまで、幅広く対象に含まれます。公務員としての身分をもっているか否かは、必ずしも絶対的な判断基準にはならず、専ら肉体労働に従事している人や、機械的・作業的な労務を担当する人は、公務執行妨害罪にいう公務員からは除くのが判例です。

職務の適法性の要件

職務の適法性の要件

1 一般的職務権限があること

2 具体的職務権限があること

3 法律上の重要な条件・方式を踏んでいること

　ここでの「公務」という言葉も、実際には非常に幅広い要素を含む用語です。公務執行妨害罪にいう「公務」には、そのすべてではなく、原則としてとくに公的な性格が強いもののみが対象になります。権力的公務・非現業的公務に限り、民間類似性・私企業的な職務は除かれます。

　もっとも、公務執行妨害罪の対象になる「職務」は、権力的な作用だけでなく、広く公務員が扱う事務一般を指します。つまり、公務に影響を与え得る、幅広い事務一般を「職務」としてとらえています。そして、「職務の執行にあたり」（職務行為性）とは、職務の開始から終了まではもちろん、その前後において職務と密接に関連する行為がすべて含まれると考えられています。その一方で、一連の行為がある程度連続性をもっているような職務については、個別に切り取って職務か否かを検討するのは適切ではなく、一体・全体的に見て、職務ということができる場合には、職務行為性が認められることになります。

　また、公務執行妨害罪での「暴行」は、暴行罪の暴行より広義のものです（120ページ）。公務員に向けられた有形力の行使であれば足り、必ずしも公務員の身体に向けられる必要はありません。公務員の補助者や物に対する暴行（間接暴行）も、公

公務の例

公務の例としては、警察の仕事や役所の仕事等が挙げられる。

**職務とは
いえない例**

たとえば、警察官等が休憩時間に休憩室に向かっている途中などは、職務中であると評価することは困難である。

務員の身体の近辺で行われれば暴行にあたります。

　もっとも、実際に公務が妨害されたか否かは重要ではなく、職務執行に対する妨害結果が発生し得るような行為であれば、公務執行妨害罪は成立します。

■ 職務の適法性

　公務の執行を妨害することが処罰されるのは、それが公務の適正な運営を妨げるからです。だとすれば、違法な職務の執行まで刑法が保護する必要はないでしょう。そこで、条文には定めていないのですが、通説・判例は、職務は適法なものに限るとしています（職務の適法性）。職務の適法性の要件としては、以下の3要件が必要です（前ページ図）。

① **一般的職務権限に属すること**

　一般論としての要件で、公務員が行い得る行為の中で、当該問題になっている職務が、抽象的に公務員が行い得る行為であることを、この要件で確認する必要があるのです。

② **具体的職務権限をもっていること**

　上記要件で、一般・抽象的に公務員が行い得る職務であることが確認できたとしても、個別・具体的なケースとして、当該公務員にその職務を処理する権限が与えられていたことも要件となります。

③ **法律上の重要な条件・方式を踏んでいること**

　以上の2点の要件が確認できたとしても、その職務を行う上で重要な条件・方式を踏まなければならない場合に、その手続きを踏んでいるのかを確かめることで、職務の適法性を確かめることができます。たとえば、収税官吏は、税務調査においては検査章を携帯しなければなりませんが、税務調査の相手方が、検査章の呈示を求めたにもかかわらず、収税官吏が呈示しなかった場合には、相手方は検査を拒むことができます。

　もっとも判例は、仮に収税官吏が検査章を携帯していない場

職務の適法性に関する学説

	職務の適法性を誰が判断するのか
主観説	問題になっている公務員自身が適法な職務行為であると信じていたか否か
客観説	裁判所が法令に基づき判断する
折衷説	行為当時における一般人の判断による

合であっても、それのみで職務の適法性が失われるわけではないとしています。つまり、その公務員がそういうことをする立場の人で、その人にそういうことをする権限があり、手続をきちんと踏んでいる、ということです。警察官が借金の取立てに絡んで差押えをしたり、逮捕状もないのに逮捕する場合は保護されません。

　問題は、公務の適法性を誰が判断するかということです。当の公務員が適法だと信じていればよいとする主観説、裁判所が後で事情を調べて判断するという客観説、一般人の立場から判断するという折衷説があります（上図）。公務員自身が適法だと思っていれば適法になるというのでは、一般国民に対して当該公務員の判断を押し付けることになり妥当ではありません。また、一般人からすれば、公務員がやることは適法だと思いやすいでしょうが、基準として曖昧といえるので、主観説や折衷説は説得力に欠いているといえます。

　というわけで、学説は客観説が多数になってきました。客観説においては、その基準は基本的に法令にのっとって判断されることになります。判例は、「行為当時の状況に基づいた客観的、合理的な判断」として客観説的なニュアンスを見せています。

法律上の重要な条件・方式について

本文記載のように、逮捕状のない逮捕等のように、職務の適法性が厳格に要求される場合もあるが、法律上の要件が完全に満たされていない職務についても保護の対象に含まれる場合がある。たとえば、地方議会の会議規則に違反する議長の議事運営措置について、公務執行妨害罪の保護範囲に含まれるとされた判例がある。

偽証の罪

· ·

国家の審判作用の侵害に対する罪

■ どんな罪なのか

「法律により宣誓した証人」がウソの証言をすると、偽証罪で処罰されます。偽証罪は、国家の審判作用が公正かつ円滑に運用されることを保護法益としています。

偽証罪は罪を犯す主体が制限されている等、注意すべき点があります。

① 宣誓した証人でなければ罰せられない

偽証罪（169条）の主体は、「法律により宣誓した証人」に限られます。刑事訴訟法は、被告人が自己の刑事事件の証人になることは認めていないので、被告人自らが偽証罪に問われることは通常ありません。ただ、共犯者や共同被告人には偽証罪が成立する場合もあります。刑事訴訟法では、自己の配偶者が刑事訴追を受けるおそれのある証言を拒むことができる（刑事訴訟法147条）と規定しています。もっともAが、Xが被告人の事件の公判で、宣誓の上で証言する際に、自分の妻Bが刑事訴追を受けるおそれがあったので、Bをかばうためウソの証言をしたとしても、証言拒否権をもつ者が拒否せずに宣誓の上、虚偽の陳述をしている以上、刑事訴訟法147条の適用外です。

② 虚偽の陳述

本罪の実行行為は「虚偽の陳述」です。虚偽の意味に関しては、陳述の内容である事実が客観的真実に反することであるとする客観説と、証人の記憶に反することとする主観説が対立しています。客観説は、陳述内容が客観的真実に合致する以上は、仮に陳述が記憶に反していても国家の審判作用は害されないと

虚偽の陳述について

本文記載のように、虚偽の陳述をめぐり主観説と客観説の対立がある。判例は、虚偽の陳述が裁判の結果にもたらす結果を重視するべきであるとして、主観説の立場に立っている。

偽証罪のまとめ

	保護法益	行為の主体	実行行為
偽　証　罪	国家の審判作用	宣誓した証人	虚偽の陳述
虚偽告訴罪	捜査活動の妨害防止	他人に刑事・懲戒処分を受けさせようとする者	虚偽の申告

します。

　一方、主観説は、偽証罪が保護するのは実体的真実発見ではなく、適正な手続によって司法作用が公正に行われることであって、記憶に反する陳述は、国家の審判作用を害する危険性を含み、司法作用を侵害する危険がまったくないわけではないので、偽証罪が成立すると考えます。

■ 虚偽告訴罪

　裁判以外の司法作用、とくに警察や検察の捜査活動が妨害された場合に虚偽告訴罪（172条）が成立します。つまり、人に刑事処分または懲戒処分を受けさせる目的で虚偽の申告をすることで成立します。「目的」については、他人が処分を受けるかもしれないという認識があればよく、それ以上に結果発生を希望・意欲することまでは必要ないと考えられています。

　また、本罪は故意犯ですから、行為者が虚偽の事実を真実であると誤信して申告した場合は、事実の錯誤として故意が阻却され、犯罪不成立となります。ありもしない事実で捜査機関が振り回されたり、ありもしないことを密告された者が覚えもないことで警察に取り調べられれば、社会全体が非常な不利益を受けることになるのです。

賄賂の罪

・・・

公務の公正性への信頼を侵害する行為に関する罪

■ どんな罪なのか

　賄賂罪は、殺人や窃盗などとは異なり、具体的な被害者を意識しにくい犯罪類型ですが、賄賂が横行する国家は、政治を腐敗させ、国民の国家機構に対する信頼を傷つけ、やがては国民自身をも腐らせ、国家の内部崩壊さえもたらします。

　刑法は、公務員の職務がお金で買われてしまうのを防止すること（不可買収性）を基本に、国民の公務の公正さに対する信頼を保護法益として賄賂罪を設けています。保護法益についてこのように考える立場を信頼保護説といいます。公務員の職務の公正性だけではなく、国民の公務に対する公正さへの信頼が保護法益に含まれているのは、職務行為に関する賄賂に関する罪だけではなく、職務行為が行われた後に行われる賄賂についても処罰規定があるためです。

■ 賄賂に関する処罰規定

　賄賂罪は、公務の公正性を保護するため、これを害する行為について、賄賂を受け取る側（収賄側）、および賄賂を渡す側（贈賄側）の両者を罰する規定を置いています。

① もらう側とあげる側

　賄賂罪は、賄賂を受け取る公務員に対する罰則が設けられていると同時に、賄賂を贈る側もまた処罰を受けます。賄賂を受け取る側の罪が収賄罪であり（197条〜 197条の4）、収賄罪は賄賂を要求・約束・収受する罪です。収賄とは、供与された賄賂を、現実に自分のものであるとして取得する行為をいいます。

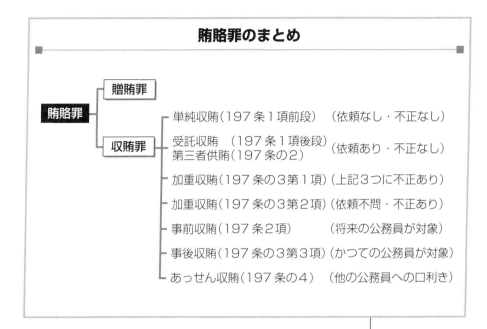

賄賂罪のまとめ

賄賂罪 ─┬─ 贈賄罪
        │
        └─ 収賄罪 ─┬─ 単純収賄(197条1項前段) （依頼なし・不正なし）
                    │
                    ├─ 受託収賄 （197条1項後段）
                    │   第三者供賄(197条の2) （依頼あり・不正なし）
                    │
                    ├─ 加重収賄(197条の3第1項)（上記3つに不正あり）
                    │
                    ├─ 加重収賄(197条の3第2項)（依頼不問・不正あり）
                    │
                    ├─ 事前収賄(197条2項)   （将来の公務員が対象）
                    │
                    ├─ 事後収賄(197条の3第3項)（かつての公務員が対象）
                    │
                    └─ あっせん収賄(197条の4) （他の公務員への口利き）

　賄賂の要求とは、賄賂の供与を要求する意思表示であり、相手方が現実に認識したか否かにかかわらず、相手方が認識し得る程度に行われれば足ります。したがって、実際に相手方が要求に応じなくても収賄罪は成立します。

　そして、賄賂の約束とは、贈賄者と収賄者との間で、賄賂の供与に関して同意することをいいます。なお、公務員が職務に関する一定の行為の依頼を受けつつ（請託を受けて）、賄賂を受け取った場合には、受託収賄罪が成立することに留意する必要があります。公務員は収受した賄賂と職務行為とが対価関係に立つことを認識していなければなりません。さらには、賄賂を収受した公務員であっても、賄賂と対価関係に立つ職務行為を行う意思がそもそもない場合には、収賄罪は成立しません。

　収賄罪は他の犯罪類型との関連性も深いといえます。たとえば、恐喝により賄賂を供与させた場合や、相手方を騙して錯誤におとしいれて、賄賂を供与させるような場合があります。

収賄罪と恐喝罪・詐欺罪

賄賂の供与に関して、恐喝や欺罔行為（詐欺）が介在することがある。これらの事例において、判例では公務員に職務行為を執行する意思が認められない場合には、それぞれ恐喝罪、詐欺罪のみが成立するとされている。

これに対して、賄賂を贈る側に関する罰則として、贈賄罪（198条）が規定されています。賄賂を申込・約束・供与する罪です。約束・申込はそれだけで成立します。「賄賂をどうぞ」と持っていって結果的に突き返されても（申込）、賄賂を渡すことについて合意しても（約束）、贈賄罪は成立します。供与とは、賄賂を公務員に収受させる行為を指します。

② **公務員と賄賂**

社交儀礼でも賄賂罪は成立する

社交儀礼の範囲内のものでも、職務行為と対価関係が認められる限り、賄賂罪が成立する。

収賄罪の主体は、公務員が代表です。公務員にはいわゆるみなし公務員（NTTやJRの職員）も含まれます。「賄賂」は、職務に関する不法な報酬としての利益で、その利益と職務行為との間に「対価関係」が必要です。ただし、賄賂の目的物は必ずしも金銭や物品等の財物に限定されているわけではなく、財産上の利益や就職先のあっせんを受ける場合など、有形・無形にとらわれず、人の欲望・需要を満たす一切の利益を指します。

③ **「職務に関し」**

賄賂と対価関係にある「職務」とは、公務員がその地位に伴い公務として取り扱う一切の職務をいうとされています。法令により個別に定められている場合もありますが、公務員の立場から行い得る行為が含まれるため、その範囲は法令全体の趣旨から決定されると考えられています。それは、具体的なものである必要はなく、当該公務員が職務として行い得る抽象的な権限の範囲内に存在すればよいと考えられています。

職務

本文記載の公務員の職務について、作為を前提とした記述になっているが、不作為であっても職務として認められる場合がある。たとえば、県議会議員が議会に出席しなかった行為に関する賄賂罪の成立が肯定されたケースがある。

また、公務員の本来行うべき職務行為に限定されず、職務と密接に関連する行為もまた、職務の範囲に含まれます。密接に関連した行為としては、本来の職務から派生した行為、自分の職務に基づく影響力を利用する行為があります。具体的には以下のような行為について問題になります。

・**自分と同一の権限を持つ公務員に対する働きかけ**

たとえば、議員が他の議員に働きかけ、ある案件に対する賛成を勧誘する行為等が挙げられます。

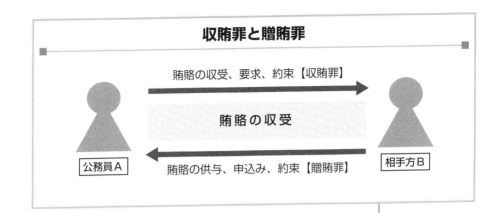

収賄罪と贈賄罪

賄賂の収受、要求、約束【収賄罪】

賄賂の収受

公務員A

相手方B

賄賂の供与、申込み、約束【贈賄罪】

・**自分と権限を異にする公務員への働きかけ**

　他の公務員へと働きかけることを意味するため、基本的には職務関連性を認めることは難しいといえます。

・**公務員の身分を持たない者に対する行政指導等**

　行政指導等の行為については、公務員としての地位に基づいて行われているため、基本的に職務に密接に関連しているということができます。

・**公務員以外の者に対するあっせん行為**

　公務員以外の者に対するあっせんについて、原則として職務に密接に関連するということは難しいといえます。

　なお、すでに終了した過去の職務行為に対する賄賂の収受についても、賄賂罪は成立します（事後収賄罪）。反対に、将来担当する可能性がある職務行為に関する賄賂の収受が行われることもあります。後に、当該職務行為を行う見通しが、比較的高ければ、賄賂罪の成立が容易になります（事前収賄罪）。

　また、不正な職務のみではなく、正当な職務を行うことも処罰対象に含まれます。ただ、賄賂の対価として不正な職務行為をすること（または相当な行為をしないこと）は、加重収賄罪としてとくに重く処罰されます（209ページ図）。

Column

犯人蔵匿および証拠隠滅の罪

　刑法は捜査・刑事裁判・刑の執行という、刑事司法の作用を保護法益とする犯罪類型を規定しています。それが犯人蔵匿等罪（103条）と証拠隠滅等罪（104条）です。これらの罪は犯人を保護する目的で行われることが多いのですが、証拠隠滅等罪は第三者に罪を着せるために行われることもあります。

　まず、犯人蔵匿等罪とは、罰金以上の刑にあたる罪を犯した者または拘禁中に逃走した者を蔵匿し、または、隠避させた場合に成立する犯罪行為です。

　蔵匿とは、警察官等による発見・逮捕を防ぐ目的で、隠れる場所を提供して犯人等を匿うことをいいます。また、隠避とは、蔵匿以外の方法による、発見・逮捕を防ぐ行為を指します。判例においては、犯人に特定の地域への逃走を勧告する行為や、逃走の資金提供等が隠避にあたるとされています。

　次に、証拠隠滅等罪とは、他人の刑事事件に関する証拠を隠滅・偽造・変造した場合、または、偽造・変造した証拠を使用した場合に成立する罪をいいます。自分の刑事事件に関する証拠を隠滅等する行為は、適法行為に出る（隠滅等しないこと）ことを期待することが困難ですので（期待可能性を欠く）、処罰の対象から除かれています。

　隠滅とは、証拠が表に出てくることを妨げ、または、証拠の効力を滅失・減少させる行為を広く含みます。たとえば、証拠物の隠匿や証人等の蔵匿などが挙げられます。これに対して、証拠の偽造とは、実際には存在しない証拠を作出する行為を指し、証拠の変造とは、すでに存在している証拠に対して変更を加えることをいいます。そして、偽造・変造された証拠の使用とは、偽造・変造された証拠を捜査機関や刑事裁判における裁判所に提出する行為を指します。

PART 9

その他の関連法律

刑事訴訟法の意味

刑事事件に関する訴訟のルール

■ 刑事訴訟法の役割

　刑事訴訟法は、刑事事件を処理する際の手続きについて定めた法律です。訴訟法というと、裁判に関する法律というイメージが強いかもしれません。しかし、刑事訴訟法は、刑事手続全体に関するルールですので、警察等が行う捜査に関しても規定しています。刑事事件とは、刑罰を科すべきかどうかが問題となる事件のことで、具体的には窃盗や殺人等の犯罪行為に関わる事件をいいます。

　こうした刑事事件を引き起こした者は、刑法に基づき刑罰を科されることが予定されています。

　しかし、刑法によって犯罪行為を処罰するといっても、その前提として、犯罪があったのかなかったのか、また、犯罪者と疑われている者が本当に犯罪を行ったのかどうかを確定するための作業が必要になります。

　たとえば、Aが刑法の規定する甲という犯罪を行ったかのように思える場合でも、Aの行為が本当に甲罪にあたるのかどうかは、詳細に検討していかなければわからないことです。よく調べてみたら、Aの行為は、甲罪よりもむしろ乙罪にあたると判明する場合もあるでしょう。また、そもそも問題とされている犯罪行為を行ったのは、Aではなく実はBだったなどということが明らかになるかもしれません。

　このように、犯罪を行った者を刑法で処罰するためには、まず犯罪に関する事実を明らかにする作業が必要になります。

　そして、そうした事実をもとに、「ある特定の人物が法律の

わが国の刑罰

わが国の刑罰は、受刑者が剥奪されるものの種類によって、生命刑（死刑）、自由刑（懲役・禁錮・拘留）、財産刑（罰金・科料・没収）に分類される。なお、没収は他の刑罰と一緒にのみ科すことができ、単独で科すことはできない（付加刑）。
なお、令和4年の刑法改正により、懲役と禁錮が「拘禁刑」に一本化された（施行日は令和4年6月17日から起算して3年を超えない範囲内において政令で定める日とされている）。

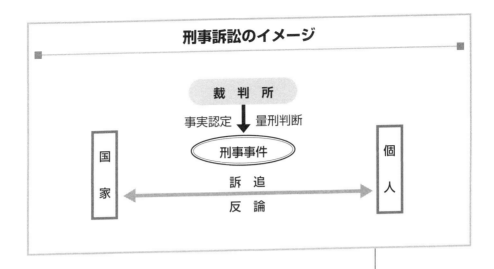

刑事訴訟のイメージ

裁判所

事実認定　量刑判断

刑事事件

国家　　　　訴追　　　　個人
　　　　　　反論

規定する犯罪行為を行った」ことが確かなものとなったときに初めて、刑法を適用して、刑罰を科すことができるわけです。

■ 訴訟とは何か

　この犯罪事実の認定と刑罰を科す作業は、訴訟という方法を通じて行われます。訴訟とは、争いごとに対して、裁判所が中立的な立場から、解決のための判断を強制的に与える手続きをいいます。

　このことを刑事事件に則していうと、刑事事件では、国家と犯罪者と疑われている者との間の法律上の争いに対して、裁判所は、公正・中立な第三者の立場から、国家の主張を認めて有罪にするのか、それとも個人（被告人）の反論を肯定して無罪にするのかを決め、有罪にするのであれば、どんな刑罰を科すべきか（量刑）を判断し、最終的に、それを両者に対して示すことになります。この裁判所の判断は、強制的な力をもっています。つまり国家も個人も、それに逆らうことはできないのです。

　こうした刑事事件に関する訴訟を刑事訴訟といい、そのルールについて定めたのが刑事訴訟法です。

捜査・刑事手続き・刑の執行

捜査機関が犯罪の発生を知ることで捜査が始まり、刑事手続きが開始する

■ 手続きの始まり

　刑事手続は捜査から始まります。110番通報によって、警察（捜査機関）は殺人事件という犯罪の発生を知ります。このように、捜査機関が犯罪の発生を知るきっかけとなるものを捜査の端緒といいます。捜査活動を行うのは、主に警察官です。

　捜査機関が一般市民の権利や自由を基本的には制限せずに行う捜査のことを、任意捜査といいます。これに対して、逮捕・勾留・差押・検証および鑑定のように、法律の定めに基づいて強制力を行使し、無理やり行う捜査を強制捜査といいます。

■ 逮捕・勾留手続き

　警察は、被疑者を逮捕したときでも、留置する必要がないと判断して釈放した場合を除き、48時間以内にこれを書類及び証拠物とともに検察官に送致しなければなりません。警察からの送致を受けた検察官は、勾留の必要性がないと認めたときは被疑者を釈放し、あると認めたときは被疑者を受け取ったときから24時間以内に裁判官に対して勾留請求をすることになります。

　逮捕の期間は、警察段階での48時間と検察段階での24時間を足して合計72時間までです。勾留においては、通常、さらに10日から最大20日間、継続して被疑者の身体が拘束されます。

■ 取調べ・捜索・差押え

　以上のような被疑者の身体の確保がなされる一方で、証拠の収集と保全も同時に行われます。具体的には、被害者・参考人

法廷内部の様子（刑事裁判の場合）

や身柄を拘束した被疑者を取り調べたり、捜索・押収・検証などの捜査がなされるわけです。

　逮捕後は犯行の状況や動機などを供述してもらうことになります。犯人と疑われている者に供述を求めることを被疑者取調べといいます。この取調べでは、被疑者の黙秘権が保障され、供述が任意になされたのかどうかがポイントになります。

　また、逮捕・勾留されている被疑者は、弁護人と自由に面接できる権利が保障されています。これを接見交通権といいます。

■ 検察官の公訴提起

　被疑者を起訴することができるのは、検察官だけです。また、被疑者を起訴するかどうかの判断に際して、検察官にはとても広い裁量が認められています。起訴は、起訴状を裁判所に提出することによって行われます。なお、起訴後、被疑者は被告人という名称で呼ばれることになります。

　起訴状が提出され、裁判所がそれを受理すると、以後、その受訴裁判所の下で審理が進められることになります。裁判所は、受理した起訴状の謄本を被告人に送達し、さらに、裁判長は公判期日を定め被告人を召喚します。

押収

刑事訴訟法上の「押収」は、強制捜査である差押えと、任意捜査である領置（任意に提出されたものを取得）の2種類がある。

取調べの可視化

取調べにおける被疑者の人権を保障する、とりわけ自白の強要を防止するため、原則として、身柄拘束中の被疑者の取調べについて、その全過程の録音または録画が義務付けられている。ただし、取調べの全過程の録音録画の対象は、裁判員裁判対象事件や検察官独自捜査事件といった重大性の高い事件に限定されている。

以上のような準備段階を経てから、いよいよ本格的に公判が開始されます。

■ 冒頭手続き

第1回公判期日において行われる人定質問から被告人の罪状認否、弁護人の意見陳述までの一連の手続を冒頭手続といいます。

まず、第1に行われるのは人定質問です。これは、裁判長が被告人に対して、人違いでないかどうかを確認する作業で、氏名・本籍・職業等が尋ねられます。

続いて、検察官が起訴状を朗読した後、被告人に黙秘権の告知がなされ、さらに被告人・弁護人に対して事件について陳述する機会が与えられます。その際に、被告人は、起訴事実を認めるか否かの陳述を行うわけです。これを罪状認否といいます。

■ 証拠調べから最終手続きへ

証拠調べは、まず、検察官が証拠によってどんな事実を証明しようとしているのかを陳述することから開始されます。これを冒頭陳述といいます。続いて、裁判所は検察官・被告人・弁護人の意見を聴いた上で、証拠調べの範囲・順序・方法を定めます。通常は検察官から請求された証拠をすべて調べた後で、被告人側の証拠が取り調べられることになります。

証拠調べが終了すると、弁論手続が行われます。そこではまず検察官の論告があります。論告とは、証拠調べが終わった後に検察官が行う事実および法律の適用についての意見の陳述です。この論告の際に、「被告人を懲役ＸＸ年に処するのが相当だと思う」というように、刑の量定に関する意見もなされます。いわゆる求刑です。続いて、弁護人が、事実および情状、法律の適用について自己の意見を述べます。これを最終弁論と呼びます。最後に被告人の最終陳述が行われ、結審します。

人定質問

原則として被告人の氏名や年齢・職業等を尋ねる方式で行われる。もっとも、被告人が自らの氏名等について黙秘した場合には、裁判所が主体的に、被告人の顔写真を照合するなどによって、被告人の本人確認を行うことがある。

証拠調べ

具体的な方法として、証人・鑑定人・通訳人・翻訳人への尋問が挙げられる。また、証拠書類や証拠物を調査・分析することによっても行われる。

刑の量定

具体的に被告人に宣告する刑を決定すること。量刑ともいう。

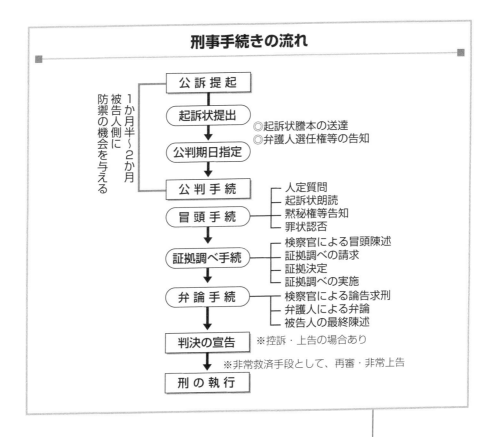

刑事手続きの流れ

公 訴 提 起

起訴状提出 ── ◎起訴状謄本の送達
◎弁護人選任権等の告知

公判期日指定

公 判 手 続

冒 頭 手 続 ── 人定質問
── 起訴状朗読
── 黙秘権等告知
── 罪状認否

証拠調べ手続 ── 検察官による冒頭陳述
── 証拠調べの請求
── 証拠決定
── 証拠調べの実施

弁 論 手 続 ── 検察官による論告求刑
── 弁護人による弁論
── 被告人の最終陳述

判決の宣告 ── ※控訴・上告の場合あり

※非常救済手段として、再審・非常上告

刑 の 執 行

1か月半～2か月被告人側に防禦の機会を与える

■ 判決とその確定

公判期日における審理を経て、検察官の論告（求刑）、弁護人の最終弁論、被告人の最終陳述を踏まえた上で、結審後に裁判所が判決の宣告を行います。具体的には、公判廷で主文の朗読と理由の朗読がなされます。判決には、有罪判決と無罪判決とがあります。この判決の宣告によって、訴訟手続は一応のしめくくりを迎えることになります。判決に、被告人・検察官双方とも不満を抱くことなくそのまま受け入れると、判決は確定し、確定した判決が有罪判決の場合には、懲役刑など宣告された刑の執行に移ります。

刑の執行

検察官の指揮により行われる。一方、無罪判決の場合には、その事件について拘禁を受けたことに対して、刑事補償を求めることができる。

裁判員制度と裁判員の仕事

刑事裁判に国民が参加する制度

■ 裁判員制度とは

裁判官と国民から選ばれた裁判員が、犯罪事実の認定と量刑について一緒に判断する制度が裁判員制度です。

裁判への国民参加を進めることで、司法の現場の体質である公判の調書裁判主義や、裁判官と検察官のゆ着などを改善することが一つの狙いです。裁判員制度は、主に以下の3つの効果を期待して導入された制度です。

① 一般国民にわかりやすい裁判が実現されるようになる。

② 裁判官が裁判員制度を経験することで、その後の通常裁判でも一般国民に理解しやすい裁判をするという意識が芽生える。

③ 国民は自分が裁判員に選出される可能性を考えて、司法のありかた、裁判員の意義について考えるようになる。

国民参加の遅れていた司法の分野にも、行政や立法と同様に、国民の意思が反映されるようにするのが、裁判員制度の基本的な考え方です。

■ なぜ裁判員制度が誕生したのか

刑事裁判の改革はさまざまな面から行われ、その改革の一端が裁判員制度です。かつての刑事裁判は、検察官が冒頭陳述を聞きとれないほどの早口や小声で読み上げる、裁判官が公判を急ぐような誘導をしている、一部の事件とはいえ、弁護士が意図的に審理の長期化を図っているなどの様子が見受けられ、一般国民にとっては理解しにくい部分がありました。現行の刑事裁判の問題点を見直していく手段のひとつとして、これらの問

裁判員制度と陪審制度は違う

裁判員制度は、裁判員と裁判官が一緒になって、犯罪の事実の認定と量刑の判断を行い、法解釈の部分は専門家である裁判官が行うという体制をとっている。一方、陪審制度は、陪審員は犯罪事実の認定のみを行い、裁判官は法的解釈に基づき、量刑を決定する部分のみを行う。評決方法としては、裁判員制度が多数決（裁判官が1人以上含まれている必要がある）であるのに対し、陪審制度は全員一致が原則である。

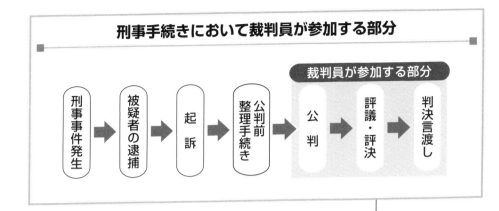

刑事手続きにおいて裁判員が参加する部分

裁判員が参加する部分

刑事事件発生 → 被疑者の逮捕 → 起訴 → 公判前整理手続き → 公判 → 評議・評決 → 判決言渡し

題点の改善のために裁判員制度が導入されました。

■ 裁判員はどんなことをするのか

　裁判員制度では、一般市民が裁判員として刑事裁判に参加します。一つの事件につき、裁判官3名と裁判員6名が選ばれます。審理は主に以下のような形で進められることになります。

① **公判**

　事件に関する証拠を調べ、証人や被告人に対して質問を行います。また、公判の場では、裁判員は裁判官と同様に証人に質問を行うことも認められています。

② **評議・評決**

　公判後は、これらの証拠を基にして、裁判官とともに議論を行うことになります（評議）。そして被告人が有罪か無罪か、有罪であればどれほどの重さの刑罰が妥当であるのか、という判決の内容を裁判官とともに決定します（評決）。評議の際の裁判員の意見は、裁判官と同じ重みを持ち、評決は全員一致か、意見が一致しないときは過半数によって決められます。

③ **判決**

　評決内容が決まると、裁判長が判決の宣告を行います。この判決の宣言によって、裁判員の仕事も終了します。

法律知識をもっておく必要はあるのか

専門家だけの判断に偏らずに一般市民の健全な良識を司法の世界に取り込む目的で作られたのが裁判員制度である。そのため、裁判員に選ばれたからといって裁判官や検察官、弁護士といった法律の専門家並みの知識を持つ必要はない。裁判員裁判では法律知識のまったくない者でも理解できるような平易な言葉で裁判を進める工夫が行われている。

■ どんな事件を担当するのか

　裁判員制度の対象となる事件は、重大な刑事事件（殺人事件など）に限られます。具体的には、①法定刑が死刑か無期の懲役・禁錮の罪、あるいは②裁判官３人の合議体で審理する法定合議事件のうち故意の犯罪行為で被害者を死亡させた罪、のいずれかにあたる事件です。しかし、実際裁判員は、自分がどの事件を担当するのかについては、公判の当日に裁判所へ出向いて初めて知らされることになっています。

　なぜなら、審理前に自分がどの事件を担当するのか知ってしまうと、前もってその事件について情報を収集する、調べるといった弊害が生じる可能性があるからです。裁判員は、裁判所に提出された証拠のみに基づいて特定の偏見を持つことなく審理を行う必要があります。

■ どんな事件が対象なのか

　裁判員制度は地方裁判所（第一審）で審理される刑事事件のみを対象としていますが、その中でも国民の生命や身体を侵害したり、国家の安全を脅かすような重大な事件が対象となります。刑罰としては、死刑または無期懲役と判断される可能性が高いものになります。最高裁判所の統計によると、ある年に地方裁判所で受理した事件中、裁判員制度の対象となるものは約2500件（全事件の３％程度）ですので、この程度の数が対象になると考えてよいでしょう。

　具体的な裁判員裁判の対象事件は、以下のような犯罪に係る事件に限られています。また、裁判員裁判の対象になる主な事件を罪名ごとにランキングにすると、次ページ図のとおりです。

・外患誘致罪・現住建造物等放火罪・殺人罪・強盗致死傷罪・不同意性交等致死傷罪などの、法定刑に死刑・無期懲役・無期禁錮のある犯罪に係る事件

・傷害致死罪・保護責任者遺棄致死罪・危険運転致死罪などの、

少年が起こした重大事件も担当するのか

少年が重大な刑事事件を起こした場合は、家裁が事件を検察官に戻して送致し（逆送）、成人同様に起訴扱いにされる。逆送によって刑事裁判が行われる事件となれば、裁判員制度の対象事件になる場合がある。

裁判員資格の年齢引下げ

裁判員は、衆議院議員の選挙権を有する者の中から選ばれることになっている。選挙権資格の20歳から18歳への引下げに伴い、令和4年4月1日から裁判員資格も18歳以上に引き下げられた。ただし、18歳と19歳の候補者が「裁判員候補者名簿」に記載されるのは令和5年分の名簿からなので、実際に裁判員に選ばれるのは、令和5年1月1日以降となった。

不同意性交等致死傷罪とは

不同意性交等致死傷罪は、不同意性交等を犯した者がその犯罪行為の結果、被害者を死亡させたり、傷害させた場合に成立する犯罪である。不同意性交等は相手の性に関する自由な意思決定を阻害する行為又は事由を利用して性交等をした場合に成立する（16歳未満の者に対しては、原則として、性交等をするだけで成立する）。

裁判員制度の対象となる事件

主な裁判員制度の対象となる事件

① 【殺人罪】…（例）人を殺した
② 【強盗致死傷罪】…（例）強盗が人に負傷を負わせ死亡させた
③ 【危険運転致死罪】…（例）泥酔した状態で自動車を運転して相手を死なせた
④ 【現住建造物等放火罪】…（例）人が住む家に放火した
⑤ 【覚せい剤取締法違反】…（例）覚せい剤を密輸した

裁判員が除外され、裁判官だけで審理が行われる場合

① 被告人の言動	被告人が暴力団の構成員であり、しかも実際に裁判員が暴力団員に脅されたような場合
② 裁判員に危害が及ぶおそれがある	裁判員だけではなく、その親族の生命や身体、財産、そして日々の平穏な生活に危害が加えられるおそれのある場合
③ ②の理由によって裁判員が畏怖している	危害を恐れて裁判員が出頭できないような場合

　故意の犯罪行為が原因で被害者が死亡した犯罪に係る事件

　なお、内乱罪（刑法77条）は法定刑が死刑のみですので、本来なら裁判員裁判対象事件となるはずです。しかし、内乱罪の第一審は高等裁判所であって、地方裁判所での審理が行われないため、裁判員裁判の対象に含まれません。裁判員裁判は「地方裁判所」で審理される刑事事件に限られるからです。

　他にも軽微な事件に裁判員裁判を導入する可能性が検討されていますが、軽微な事件は事件数が非常に多く、それに裁判員の数が増えて裁判所の事務量が大きくなってしまうというデメリットがあります。

覚せい剤取締法

覚せい剤関連の犯罪は暴力団の関与が多いだけでなく、起訴される件数も多い。覚せい剤は、日本国内では製造できず、国内に流通するのを防ぐためには、まずは外国から国内に入ってくるのを防ぐ必要がある。裁判員が関わることになるのは、覚せい剤取締法違反のうち、営利目的覚せい剤輸入罪である。

少年事件と刑事手続き

少年の更生・改善を重視するが、刑事手続きに移行することもある

■ 少年犯罪とは

少年たちが何らかの罪を犯した（何らかの犯罪に当たる行為をした）とき、その責任はどのように問われるのでしょうか。

少年が罪を犯したとしても、大人とまったく同じように取り扱うことには問題があります。少年は心身共に成熟途中にあるため、やってよいことと悪いこととの区別がつきにくい場合があるからです。また、「前科者」のレッテルを貼ってしまうと、更生して立ち直ることが困難になることにもなりかねません。

そこで、少年（20歳に満たない者）については、20歳以上の者と異なった扱いをするべきとの見地に立って少年法が存在しており、少年について特別に取り扱うことにしています。

■ どんな分類方法があるのか

少年法では、家庭裁判所の審判（少年審判）に付する対象となる少年を、次のように分類しています。

① 犯罪少年（14歳以上）

刑法41条では、14歳未満の少年には刑事責任がないとし、14歳未満の少年が罪を犯しても犯罪が成立せず処罰しないとしています。そこで、14歳以上20歳未満の少年で罪を犯した者を犯罪少年と定義し、14歳未満の少年と区別しています。

② 触法少年（14歳未満）

14歳未満の少年に犯罪は成立しませんが、その行為が法に触れる場合は何らかの措置が必要です。そこで、14歳未満で刑罰法規に触れる行為をした少年を触法少年と定義しています。

少年法の改正

令和4年4月から成年年齢が20歳から18歳に引き下げられたが、少年法では20歳未満の者を「少年」とするという定義を維持している。

もっとも、少年のうち18歳・19歳の者を「特定少年」と定義し、特定少年については成年者であることを踏まえ、18歳未満の少年（未成年者）と異なる取扱いをすることになった。

未成年者と刑事処分の可否

年　齢	科される刑罰の制限など
14歳未満	刑事未成年（刑罰を科すことはできない）
14歳以上	逆送により刑罰を受ける可能性あり
16歳以上	故意の犯罪行為で死亡させた場合は原則逆送
18歳未満	死刑相当でも無期刑が科される
18歳以上	原則逆送の対象が「死刑、無期または短期1年以上の懲役・禁錮にあたる罪の事件」に拡大
20歳未満	少年法が適用される年齢

③　ぐ犯（虞犯）少年（少年の年齢は問わない）

　犯罪少年や触法少年には該当しないが、保護者の正当な監督に服しない性癖がある、正当な理由なく家庭に寄りつかない、不道徳な人と交際するなど、その性格や環境に照らし、将来、罪を犯しまたは刑罰法規に触れる行為をするおそれのある少年をぐ犯（虞犯）少年といいます。

④　特定少年（18歳以上20歳未満）

　令和4年に民法上の成年年齢が20歳から18歳に引き下げられたことに伴い、少年法でも、少年の定義は維持したまま18歳と19歳の少年を特定少年として、20歳以上の者に近寄せた取扱いをするようになりました。後述する手続き上の違いの他、略式手続を除いて起訴された場合には、少年に関する実名・写真等の報道禁止が解除されることになります。

■ 少年事件の手続き

　少年事件では、主に教育・処遇により少年を更生させるという観点から、その手続きが定められています。

刑事事件として扱われた場合の処分について

少年事件が刑事事件として扱われた場合について、平成26年（2014年）に以下の改正が行われた。まず、不定期刑が科される対象の事件について、処断刑の範囲が「長期3年以上の有期の懲役または禁錮」に処される事件から「有期の懲役または禁錮」に処される事件へと拡大された。
そして、不定期刑の長期と短期の上限も「長期15年・短期10年」に引き上げられるなど、科される不定期刑の幅も拡大された。

① 少年の年齢による手続きの違い

犯行時に少年が14歳以上であった場合は、事件の内容、少年の性格、心身の成熟度などから、事件の送致を受けた家庭裁判所が刑事手続きに移行させる（検察官に送致する）ことがあります。これを逆送（検察官送致）といいます。家庭裁判所から逆送を受けた検察官は、少年に起訴するに相当する犯罪の嫌疑がある限り、原則として起訴を行わなければなりません。

さらに、16歳以上の少年のときに犯した故意の犯罪行為により被害者を死亡させた罪の事件や、特定少年のときに犯した死刑、無期または短期（法定刑の下限）1年以上の懲役・禁錮に当たる罪の事件については、原則として逆送をすることになっています（原則逆送対象事件）。逆送されると検察官が起訴し、刑事裁判の対象になるので、少年でも懲役や罰金などの有罪判決が言い渡されることがあり、とくに特定少年は20歳以上の者と原則同様に取り扱われます。

14歳未満の場合

犯行時に少年が14歳未満であった場合は、処罰の対象にならないことから、都道府県知事または児童相談所長から送致を受けたときに限り、家庭裁判所で審判される。

② 少年審判の特徴

非行少年の処遇を決める家庭裁判所の手続きを少年審判といいます。少年審判は刑罰を科する場ではなく、少年の更生・改善にために何が必要であるかを判断する場であるため、その手続きは刑事裁判のそれとは異なります。

刑事裁判の手続きは、検察官と被告人・弁護人が向かい合い、裁判官が一段高い席に座り、公平な立場から純法律的に有罪・無罪と有罪の場合の処罰を決めます。これに対し、少年審判の手続きは、裁判官が非行少年と同じ目線に立ち（弁護士などの付添人が非行少年のために同席することもあります）、後見的な観点から非行少年のさまざまな事情を考慮し、どのように処遇すべきかを決定します。

検察官の関与

少年審判においても、非行事実の認定に必要な場合には、犯罪少年の審判の手続きに検察官を関与させることがある。

③ 少年に対する保護処分

少年事件の発生から審判（逆送された場合は判決）までの手続きの主な流れは、次ページ図のとおりです。少年の更生の観

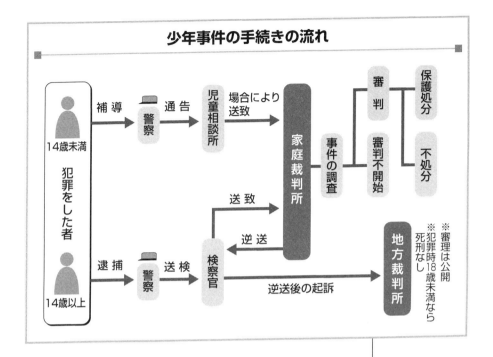

少年事件の手続きの流れ

点から、犯罪少年に関する事件は、すべて家庭裁判所に送致されるのが原則です（全件送致主義）。そして、逆送されなかった非行少年が家庭裁判所の審判の対象となり、何らかの処遇が必要と判断されると「保護処分」が決定されます。保護処分には以下のものがあります。

特定少年の特例

特定少年については、成年者であることを考慮し、将来罪を犯すおそれがある（ぐ犯少年である）ことを理由とする保護処分は行わない。

・保護観察

社会内で更生可能と判断した場合に、保護司や保護観察官が、その後の生活状況などについて監督・指導を行う処分です。

・各施設への送致

比較的低年齢の少年について、少年の自立支援や養護のため、児童自立支援施設や児童養護施設に少年を送る処分です。

・少年院への送致

再び非行を犯すおそれが強く、社会内での更生が難しい場合に、少年の更生・教育のため、少年院に送る処分です。

軽犯罪法

一定の軽微な行為でも犯罪と判断される場合がある

■ どんな法律なのか

軽犯罪法は、刑法犯に比べて軽微な犯罪行為に対する罰則を定めた法律です。刑法犯に比べて軽微であるというのは、主に社会の秩序を維持する目的で一定の行為を犯罪行為と規定しており、やや道徳的な規範だということです。つまり、刑法犯は、社会の秩序維持という目的と同様に、大前提として、個人の生命や身体を代表とする、法益に対する侵害を禁止するための法規範だといえます。したがって、道徳的に好ましくない行為であるからといって、必ずしも刑法犯として規定されているわけではなく、むしろ刑法が規定する刑罰の発動は控えめであるべきだと考えられています。

確かに、法益を侵害する行為（侵害する危険がある行為）について、あらかじめ刑罰を与えることを明示しておくことで、一般国民に対して、いかなる行為を行えば犯罪行為として処罰されるのかが明らかにされ、人々の行動の自由を保障することができます。しかし、法益を侵害する行為を防止するだけでは、道徳的に非難に値する行為を行った場合に、処罰の対象にすることができず、一般国民の円滑な生活の支障になる可能性があります。そこで、刑法犯よりも軽微な行為を対象に罰則を加えることで、より人々が道徳的な規範を守るよう促し、社会生活の円滑化を支える役割を果たしています。

■ どんなことを規定しているのか

軽犯罪法では、1条1号から34号まで（21号は削除）、思わ

社会情勢の変化に対する新規立法による対応

社会情勢の変化によって軽犯罪法による規制では不十分な場合に、新規立法によって対応する場合もある。たとえば、ピッキングが社会問題となったため、平成15年（2003年）に「特殊開錠用具の所持の禁止等に関する法律」が施行され、軽犯罪法1条3号が所持を禁止する「器具」の中でもピッキング用具については所持・携帯を加重処罰している。

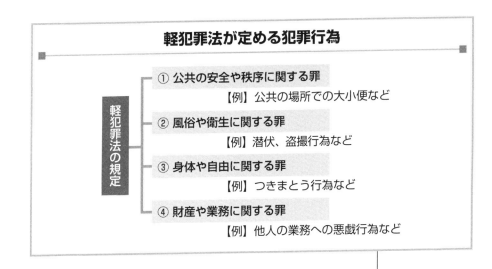

軽犯罪法が定める犯罪行為

軽犯罪法の規定

① **公共の安全や秩序に関する罪**
【例】公共の場所での大小便など

② **風俗や衛生に関する罪**
【例】潜伏、盗撮行為など

③ **身体や自由に関する罪**
【例】つきまとう行為など

④ **財産や業務に関する罪**
【例】他人の業務への悪戯行為など

ぬ行為が犯罪行為として規定されているため、何気なく行っていることが、実際には犯罪行為にあたる場合がありますので、注意が必要です。

ただし、多くの処罰規定に「正当な理由がなく」や「相当の注意をしないで」というしぼりが入っているので、社会通念に従って常識的な行動さえとっていれば、神経質になる必要はないでしょう。

大まかですが、各処罰規定は以下のような分類が可能です。

① 時代の変遷に伴い他の法律、自治体の条例によって規制されるようになった規定

公共の娯楽場又は乗物の中で著しく粗野又は乱暴な言動での迷惑行為（5号）、人畜に害を加える性癖のある犬その他の鳥獣類を解放する行為（12号）、音を異常に大きく出して静穏を害し近隣に迷惑をかける行為（14号）、浴場などののぞき見（23号）、公園などの公衆の集合する場所での大小便（26号）、ごみの廃棄（27号）は、条例によって規制されていることが多いです。

また、人を誤解させるような事実を告げて広告をする行為（34号）は、不当景品類及び不当表示防止法や不正競争防止法

によって規制されています。

②　程度によって刑法典の適用が可能となる規定

　他人の身体に害を及ぼすおそれのある場所に物を投げ又は発射する行為（11号）は、暴行罪が適用されることがあるでしょう。

　変死体又は死胎の現場を変える行為（19号）は、死体遺棄罪が適用されることがあります。

　また、公衆に嫌悪の情を催させるような仕方で身体の一部をみだりに露出する行為（20号）は、公然わいせつ罪が適用される可能性があります。

　さらに、災害現場や事故現場で公務員の指示に従わない行為（8号）、他人の業務に対して悪戯などでこれを妨害する行為（31号）には業務妨害罪が適用されることがあるでしょう。

③　刑法典による規制を補充する規定

　無人かつ看守されていない建物などでの潜伏禁止（1号）、立入禁止場所又は他人の田畑への侵入禁止（32号）は、住居侵入罪がカバーしていない住居・建物等を対象としています。また、他人の邸宅等に侵入するための器具を隠し持つ行為（3号）は、住居侵入罪の予備罪の性質を有しています。

　燃えるような物又は引火し易い物の附近で火を扱う行為（9号）は失火罪の予備罪の性質を有し、爆発物を使用し又はもてあそぶ行為（10号）は激発物破裂罪の予備罪の性質を有しています。

　さらに、虚構の犯罪を公務員に申し出る行為（16号）は虚偽告訴罪を、自己の占有する場所内に扶助を必要とする者のあることを知りながら速やかに公務員に申し出ない行為（18号）は保護責任者遺棄罪を補充する規定ともいえます。

　公私の儀式を悪戯で妨害する行為（24号）は、礼拝所不敬・説教・礼拝・葬式妨害罪がカバーしない儀式を対象としています。

④　そのまま刑法典その他の法律による規制も可能と思われる規定

　正当な理由なく刃物等を隠して携帯する行為（2号）は、銃刀法の規制対象にもなります。

他人の標灯又は灯火を消す行為（6号）、他人の看板を取り除き又は汚す行為（33号）は、行為態様によっては器物損壊罪の適用も可能と思われます。

みだりに船又はいかだを水路に放置しその他水路の交通を妨げるような行為（7号）は、往来妨害罪が成立することが多いでしょう。

質入などの帳簿に、法令により記載すべき氏名、住居、職業等につき虚偽の申立をして不実の記載をさせる行為（17号）は、詐欺罪の適用もあり得ると考えられます。

⑤ 現在では成立する可能性が少ない規定

割当物資または割当物資の配給に関する証票を得るために待っている公衆の列に割り込み、若しくはその列を乱す行為（13号）は、現在では、成立する機会は少ないと考えられます。

⑥ 現実には用いられていない規定

生計の途がないのに、働く能力がありながら職業に就く意思を有せず、かつ一定の住居を持たない者が諸方をうろつく行為（4号）、こじきまたはこじきをさせる行為（22号）も処罰対象とはされていますが、現実にはほとんど用いられていません。

■ どんな罰則があるのか

軽犯罪法は、軽微な犯罪行為に対して、拘留や科料を科すことを定めています。拘留とは、1日以上30日未満の刑事施設における身体拘束のことを指し、科料とは、1000円以上10000円未満の金銭を納めることを命じる刑罰です。

なお、日常生活に関連する行為を適用対象に含めている軽犯罪法は、運用方法によっては、捜査機関が別件逮捕として、軽微な犯罪行為である軽犯罪法違反として、逮捕に踏み込む場合があります。そこで、軽犯罪法は、明文規定で、国民の権利を侵害することを禁じ、本来の目的以外の方法により、捜査機関が軽犯罪法を濫用することを禁止しています（4条）。

その他の処罰規定

他人の進路に立ちふさがって、若しくはその身辺に群がって立ち退こうとせず、又は不安若しくは迷惑を覚えさせるような仕方で他人につきまとった者も、軽犯罪法では処罰対象としている（28号）。内閣府の男女共同参画局のホームページでは、「配偶者からの暴力被害者支援情報」として、配偶者からの暴力に関係する法律として、この規定を挙げている。同様に、ストーカー対策としてこの規定を活用することも考えられる。

ストーカー規制法

つきまとい等・GPSによる位置情報取得やストーカー
行為が処罰される

**つきまとい規制
対象場所の拡大**

令和3年の改正により、住居・勤務先・学校といった通常いる場所に加え、常連客となっている店舗や旅行先のホテルといった実際にいる場所も、つきまとい等の規制対象に加えられた。

**規制対象となる
連絡方法の拡大**

令和3年改正により、自宅や勤務先に繰り返し手紙を送る等の文書を送る方法もつきまとい等に含まれることになった。

ストーカー行為

ストーカー規制法では、同一の者に対し「つきまとい等」又は「位置情報無承諾取得等」を繰り返して行う行為が「ストーカー行為」であると規定している（2条4項）。

■ どんな法律なのか

特定の人に対する恋愛感情が満たされないために、つきまとうなどの行為を続けた結果、被害者に対する心理的なプレッシャーを与えることはもちろん、場合によっては生命・身体を脅かすような事件が相次いで発生していました。そこで、これらの行為に対して、規制を及ぼすために、「ストーカー行為の規制等に関する法律（ストーカー規制法）」が平成12年（2000年）に施行されました。ストーカー規制法は、ストーカー行為などを規制し、被害者の身体・自由・名誉に対する危害の発生を防止し、国民の生活の安全と平穏を守ることを目的にしています。しかし、その後もストーカーによる被害は増加しており、ストーカー被害はいまだに深刻な状況にあります。

ストーカー規制法が規制の対象としている行為は、大きく①「つきまとい等」または「位置情報無承諾取得等」と、②「ストーカー行為」の2つに分類することができます。

「つきまとい等」とは、特定の人に対する恋愛感情や好意などが満たされなかったことから、怨恨の感情を抱き、それに基づいて行う8類型の行為を指します。ここで「つきまとい等」は、①つきまとい、待ち伏せ、押しかけ、うろつき、②監視している旨の告知、③面会や交際の要求、④乱暴な言動、⑤無言電話、連続した電話・文書・FAX・電子メール・SNSなど、⑥汚物などの送付、⑦名誉の侵害、⑧性的羞恥心の侵害という8類型を指します。

「位置情報無承諾取得等」とは、相手の承諾なく、①相手の

ストーカー規制法の規制対象

つきまとい等

① つきまとい、待ち伏せ、うろつき、押し掛け、相手方が現に所在する場所における見張り等
② 監視していると告げる行為
③ 面会・交際などの要求
④ 乱暴な言動
⑤ 無言電話、連続した電話、文書、FAX、メール、SNSのメッセージ等、拒まれたにもかかわらず、連続して文書を送る行為
⑥ 汚物などの送付
⑦ 名誉を傷つける
⑧ 性的羞恥心の侵害

GPS機器等を用いた位置情報の無承諾取得等

相手方の承諾なく、相手方の所持する位置情報記録・送信装置（GPS機器等）の位置情報を取得したり、取り付ける行為

ストーカー行為

同一の者に対し「つきまとい等」を繰り返して行うこと

所持する位置情報記録・送信装置（GPS機器等）を取得する行為、②相手の所持する物に位置情報記録・送信装置（GPS機器等）を取り付ける行為です。

そして、「ストーカー行為」とは、同一の者に対し、①身体の安全、住居等の平穏、名誉が侵害されたり、行動の自由が著しく害されると不安に思わせる方法によって「つきまとい等」を「反復」して行うか、②「位置情報無承諾取得等」を「反復」して行うことを指します。

位置情報無承諾取得等

位置情報取得アプリ等の普及に伴い、GPS機器等を用いて相手の位置情報取得が可能になった時代背景を反映し、令和3年改正で、「つきまとい等」に並んで、「位置情報無承諾取得等」も規制対象に加えられた。

■ どんな刑罰が科されるのか

　ストーカー規制法が規定する罰則も「つきまとい等」「位置情報無承諾取得等」と「ストーカー行為」では取扱いが異なります。「つきまとい等」「位置情報無承諾取得等」には、いきなり罰則が適用されるわけではなく、被害者は、行為者に「中止せよ」と警告を行うよう警察本部長等に対し申出を行う必要があります。この申出を警察本部長等が認めると、行為者に警告を発します。また、行為者が「つきまとい等」「位置情報無承諾取得等」をして被害者に不安を覚えさせていると認めるときは、被害者の申出または職権により、公安委員会が行為者に禁止命令等を発します。そして、警告違反には罰則がないのに対し、禁止命令等違反には罰則があります。つまり、行為者が禁止命令等に違反すると、6か月以下の懲役または50万円以下の罰金が科されます。さらに、行為者が禁止命令等に違反してストーカー行為をすると、2年以下の懲役または200万円以下の罰金が科されます。

　一方、「ストーカー行為」をした行為者に対しては、禁止命令等を経ることなく、直ちに1年以下の懲役または100万円以下の罰金を科することができます。

■ 相談先や対処法

　実際にストーカー被害に遭った場合、被害者が直接行為者に対して働きかけることは、得策ではありません。警察署では、ストーカー行為に対する相談窓口を設けていますので、被害に遭った場合には、警察署に相談しましょう。また、弁護士等に相談することで適切なアドバイスを受けることも期待できます。

■ ストーカーへの対処法

　深刻なストーカー被害に対応するため、ストーカー規制法に基づいて、ストーカー行為の処罰と被害者の援助などが行われ

直接行為者に接触することは危険
ストーカー行為の態様が悪化する場合や、ストーカー行為から転じて殺傷事件に至ったケースもある。

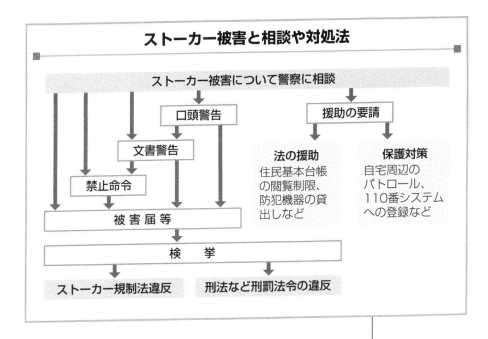

ストーカー被害と相談や対処法

ストーカー被害について警察に相談

- 口頭警告
- 文書警告
- 禁止命令
- 被害届等
- 検挙
  - ストーカー規制法違反
  - 刑法など刑罰法令の違反

援助の要請

法の援助
住民基本台帳の閲覧制限、防犯機器の貸出しなど

保護対策
自宅周辺のパトロール、110番システムへの登録など

ています。警察本部長等（警察署長など）は、被害者の申出に応じて、「つきまとい等」「位置情報無承諾取得等」（ストーカー行為を含みます）をする者に対し、その行為をやめるよう警告することができます。「つきまとい等」「位置情報無承諾取得等」により被害者が不安を覚えている（ストーカー行為はこれに該当します）と認める場合、公安委員会は、被害者の申出だけでなく職権によっても、禁止命令等を発することができます。禁止命令等を発する際は、事前に行為者への聴聞が必要ですが、緊急の必要があれば、直ちに禁止命令等を発することができます。

したがって、ストーカー行為に困っている場合は、警察署に相談し、行為者に対して警告や禁止命令等を発してもらえるよう申し出ることが必要です。とくに禁止命令等違反は罰則の対象となるので、一定の抑止効果が期待できます。また、禁止命令等がなくても、ストーカー行為は、それ自体が罰則の対象となるので、行為者を告訴して処罰を求めることができます。

聴聞
不利益を受ける者に反論の機会を与える手続。

警察に相談する以外には何ができる？
不法行為に基づいて、民事上の損害賠償請求や、ストーカー行為の差止めを請求することもできる。

道路交通法

自転車の交通違反にも罰則が設けられた

■ どんな法律なのか

道路交通法は、交通の安全などを図るためのルールを規定した法律です。道路交通法上の義務に違反した者は反則金の納付を命じられるのが一般的ですが、以下の違反行為などを行った者には刑罰が科せられます。

① 信号機や道路標識等を移転したり、損壊するなどして交通の危険を招いた場合（115条）

② 業務上の過失または重大な過失により他人の建造物を損壊した場合（116条）

③ 交通事故を起こして死傷者を出した場合に、その者を救護する義務を果たさなかった場合（117条）

④ 酒酔い運転だった場合／過労・薬物・病気などの影響で正常な運転ができない状態で運転した場合／酒に酔った状態の者に運転を命じたり容認した場合（117条の2）

⑤ 無免許運転だった場合／酒気帯び運転だった場合／運転者に対して酒類を提供したり飲酒をすすめる行為をし、その運転者が酒酔い運転をした場合など（117条の2の2）

⑥ 無免許運転を助長する行為（自動車を提供する一定の行為や無免許者の運転する自動車に依頼や要求をして同乗する行為）をした場合など（117条の3の2）

⑦ 一般道で時速30km以上、高速道で時速40km以上の最高速度規定違反をした場合／積載物重量制限違反をした場合など（118条）

無免許運転者と周辺者に対する主な道路交通法上の刑事責任

車両提供者

無免許運転をするおそれのある者への自動車
（自動二輪を含む）や原付バイクの提供
➡ 3年以下の懲役 または 50万円以下の罰金

無免許運転
➡ 3年以下の懲役 または
　50万円以下の罰金
免許証の不正取得
➡ 3年以下の懲役 または
　50万円以下の罰金

運転者　同乗者

運転者の無免許を知りな
がら要求・依頼して同乗
した場合
➡ 2年以下の懲役 または
　30万円以下の罰金

※自動車の使用者等（安全運転管理者を含む）が、業務について、運転者の無免許運転を
　命令・容認すると、3年以下の懲役 または 50万円以下の罰金となる。

■ 自転車の交通違反にも罰則がある

　道路交通法は、運転免許を必要とする自動車だけでなく、自転車についても、「自転車安全利用五則」を掲げ、規制対象としています。

① 通行場所・方法について

　自転車は軽車両と位置付けられ、歩道と車道の区別のあるところでは車道を通行するのが原則とされ（車道通行の原則）、車道の左側を通行しなければなりません。歩道を通行する場合は、歩行者の通行を妨げないようにしなければなりません。違反には罰則が設けられています。

② 自転車の乗り方

　安全運転義務、夜間の点灯、酒気帯び運転の禁止、二人乗りの禁止、ブレーキ不良自転車の運転禁止、過積載の禁止、並進の禁止等が規定され、違反に対しては罰則が設けられています。

③ 運転者の乗車用ヘルメットの着用努力義務化

　それでも、道路交通法に違反する自転車の利用が多く、致死に至る事故も多発していることから、令和4年に改正が行われ、

**自転車安全利用
五則**

①車道が原則、左側通
行。歩道は例外、歩行
者を優先。
②交差点では信号と一
時停止を守って、安全
確認。
③夜間はライトを点
灯。
④飲酒運転は禁止。
⑤ヘルメットを着用。

自転車運転者の乗車用ヘルメットの着用が努力義務とされるようになりました。

■ 刑事処分とは異なる行政処分

　自動車を運転する人が一時停止違反やスピード違反などの交通違反によって、警察から違反切符を切られて反則金の支払いや免許の停止または取消しなどの処分を受けることがありますが、このような処分を行政処分といいます。行政処分は、交通違反や交通事故を起こした運転者に対して、道路交通の安全の確保を図ることを目的として、道路交通法および道路交通法施行令の規定に基づいて制裁を加えるものです。

　これに対して、刑事処分とは、社会秩序の維持を目的として、裁判を経て罰金や懲役などの刑を科すものです。行政上の責任として課される行政処分と刑事上の責任として科される刑事処分とは異なる目的で行われるものです。そのため、交通事故の加害者が、自動車運転過失致死傷罪などの罪で懲役・罰金等の刑事処分を受けた場合には、さらに免許取消しなどの行政処分も受けることもありますし、不起訴となって刑事処分は科されなかったのに、行政処分は課されるということもあります。

　道路交通法の規定に違反した場合の主な行政処分としては、免許の取消し・停止があります。道路交通法では、一度免許を受けた者が枠外記載のような条件に該当する場合に、その者の住所地を管轄する公安委員会が免許の取消し・停止の処分を行うことができます（103条1項、2項）。

■ 点数制度とはどんな制度なのか

　交通事故の場合や一定の交通ルールに違反した場合には、点数制度により行政処分が行われることがあります。

　行政処分の内容は、過去3年間に免許停止処分を何回受けたか、免許取消歴があったかどうかなどの条件によって異なりま

免許停止処分

たとえば、基礎点数が11点の違反をした場合、違反者が過去3年以内に免許停止処分を一度も受けていなければ60日間の免許停止処分となるが、1回免許停止処分を受けていれば免許取消処分となり1年間は再度免許を受けることはできない。

す。繰り返し免許停止などの処分を受けていれば、その分だけ低い合計点数で行政処分が行われます。

点数制度を導入することにより、違反を繰り返して交通安全を阻害する悪質な運転者を把握し、運転を制限することができる他、運転者が違反行為を繰り返さないよう自覚を促すなどの効果があるとされています。

■ **交通反則通告制度とは**

交通反則通告制度は、無免許運転や酒酔い運転、交通事故などの重大な違反を除き、反則行為をした運転者に対して反則金の納付という形で行政処分をする制度です。一時不停止やシートベルトの装着義務違反、速度超過などの違反行為をし、警察官から告知書（いわゆる青キップ）を切られた経験のある運転者も多いと思います。その際、違反の内容や車両の種類などによって定められた反則金を通告されますが、支払いは任意とされています。ただし、反則金を一定期間内に納付すれば刑事処分が免除されますが、反則金の納付をしなければ刑事事件として扱われます。つまり、青キップを切られたものの、その内容に納得がいかない場合には、反則金の納付を拒否し、裁判所に判断を委ねることができます。

免許の取消し・停止などの行政処分に納得がいかない場合は、行政不服審査法に基づいて審査請求をすることができます。審査請求は、行政処分を知った日の翌日から起算して60日以内に行わなければなりません。

なお、青キップは行政処分ではないため、審査請求で争うことはできません（刑事事件で争います）。

交通違反に関する行政処分の場合、審査請求をするのは都道府県の公安委員会に対してです。公安委員会の審査請求を経ずに、直ちに行政処分の取消訴訟を提起することもできます。取消訴訟の提起は、原則として、行政処分を知った日から6か月以内かつ行政処分の日から1年以内に行わなければなりません。

交通違反行為の多くを行政処分で処理する理由

違反行為があまりにも多く発生すること、刑事処分を科すことによって前科者を量産してしまうことなどが挙げられる。

【監修者紹介】
木島 康雄（きじま　やすお）

1964年生まれ。京都大学法学部卒業。専修大学大学院修了。予備試験を経て司法試験合格。弁護士（第二東京弁護士会）、作家。過去30冊以上の実用書の公刊、日本経済新聞全国版でのコラム連載と取材の他、多数の雑誌等での掲載歴あり。現在、旬刊雑誌「税と経営」にて、300回を超える連載を継続中。作家としては、ファンタジー小説「クラムの物語」（市田印刷出版）を公刊。平成25年、ラブコメディー「恋する好色選挙法」（日本文学館）で「いますぐしよう！作家宣言２」大賞受賞。平成30年７月には「同級生はＡＶ女優」（文芸社）、令和４年４月には「認知症尊厳死」（つむぎ書房）を発表。弁護士実務としては、離婚、相続、遺言、交通事故、入国管理、債権回収、債務整理、刑事事件等、幅広く手がけている。
主な監修書として、『改訂新版　図解で早わかり　賃貸借のしくみとルール』『図解で早わかり　民法【財産法】のしくみ』『図解　債権回収のしくみがわかる事典』『入門図解　契約書・印鑑・印紙税・領収書の法律知識』『すぐに役立つ　最新借地借家の法律と実務書式87』『入門図解　最新　交通事故の法律とトラブル解決マニュアル』『入門図解　最新　告訴・告発・刑事トラブル解決マニュアル』『図解で早わかり 行政法のしくみ』（小社刊）などがある。

木島法律事務所
〒134-0088　東京都江戸川区西葛西６丁目12番７号　ミル・メゾン301
TEL：03-6808-7738　FAX：03-6808-7783

図解で早わかり
改訂新版　刑法のしくみ

2023年９月30日　第１刷発行

監修者	木島康雄
発行者	前田俊秀
発行所	株式会社三修社
	〒150-0001　東京都渋谷区神宮前2-2-22
	TEL　03-3405-4511　FAX　03-3405-4522
	振替　00190-9-72758
	https://www.sanshusha.co.jp
	編集担当　北村英治
印刷所	萩原印刷株式会社
製本所	牧製本印刷株式会社

©2023 Y. Kijima Printed in Japan
ISBN978-4-384-04924-4 C2032